アート投資の王道

作品売買の基本から応用まで

大西知生

The Royal Road to Art Investment

エディト 出版部

はじめに

私は金融マーケット、そして投資に関するプロです。
そして、アートオークションハウスのアドバイザーも務めています。
つまり、**投資とアートの二刀流**です。

1990年に外国為替業務を専門とする東京銀行（現在の三菱UFJ銀行）に入社して以来、ドイツ銀行、モルガン・スタンレー証券など欧米の金融機関で計30年以上にわたりマーケットの世界に身を置いてきました。現在は投資や助言を専門とする会社を設立し、自らも株式、外国為替などの伝統的な金融資産のみならず、不動産、暗号資産(仮想通貨)、NFT（Non-Fungible Token）などへの投資にも取り組んでいます。

同時に、大手オークションハウスのエグゼクティブ・コンサルタントとして、国内外の企業や個人のお客様にアート作品の売買に関する助言を行い、自らもコレクターとしてオークションやアートフェアに参加しています。

投資に関してよく「どうやって勉強しているのですか？」と聞かれることがありますが、ほとんどはOJT(On the Job Training)で失敗を重ねながら学んでいます。ただし、株式や外国為替であればファンダメンタルズ分析やテクニカル分析の手法、不動産であれば物件のチェックポイントや自己資金との

バランスなど基本的な部分は書籍を通じて効率よく学びました。しかしながら、絵画などのアート作品について、投資の観点に特化した書籍は見つけるのが難しい状況にあることがわかりました。絵画の見方に関する本や、展覧会を紹介する雑誌はよく見かけますが、アートを資産と見なし、そのリターンやリスクについて学ぼうと思っても、なかなかその手段がありません。アートというものは個人の価値観などによって好き嫌いが大きく分かれるため金額で評価することが難しいと考えられていることや、商品化により芸術的創造という本質的な部分が失われると考える向きもあることが背景にあるのかもしれません。

一方で、アート作品や骨董品を鑑定したり、価格をつけたりするようなテレビ番組が国内外を問わず人気を博しているという事実もあります。これは、多くの人がアート作品の価格に興味を持っている、もしくは自分や他の人が持っている作品の評価が気になっていることの表れだと思っています。

そのため、投資の世界に深く関わってきた私が、アート作品を投資対象と見なし、その価格にこだわった書籍を出版することには大きな意味があると確信しました。

本書では、投資を目的としてアート作品を持つ時に知っておくべきことに焦点をあてました。株や不動産などの他の投資資産との比較や、そのリスクについても、統計などのデータを用いて説明しています。

本書の構成

「第1章　アート投資時代の到来」
アート投資に注目が集まっていること、その背景にあるアート作品の価格の上昇について、具体的に説明します。

「第2章　投資家の観点からのアート」
アートを投資対象として見た場合、その収益性（リターン）やリスクについて、株式など他の資産クラスと比較しながら説明します。

「第3章　アート市場とオークションのしくみ」
アート市場にはプライマリー市場とセカンダリー市場の2つの市場があることを説明し、セカンダリー市場の中心となるオークションについて詳述します。

「第4章　データから見た世界と日本のアート市場」
統計などのデータを通して、アート市場の現状を分析します。また、日本のアート市場の展望についても説明します。

「第5章　アートのジャンル別価格特性」
アーチストの作品の値動きの具体例を見ながら、ジャンルごとの価格形成について説明します。

「第6章　アート作品の入手方法」
投資対象としてのアート作品の入手の仕方について、その注意点も踏まえて説明します。

「第7章　アート投資の基本から応用」
投資に向いている作品の金額、およびフローチャートに基づくタイプ別の投資手法について基本から応用まで説明します。

「第8章　アートと資産形成」
アート投資を通して資産形成を行う際に考慮すべき点や、アート投資に適した金額について分散投資の観点も踏まえて説明します。

それぞれの章が独立しているので、読者の皆様が読みたいところから、もしくは読みたいところだけを読んでいただければ幸いです。また、ところどころ脚注を入れています。簡単な用語解説や説明の補足を行っていますので、参考にしてください。

なお、本書における意見はすべて私個人に属するものであり、所属する組織・団体の見解ではありません。また、本書における分析などは、2024年末時点で私が利用可能であった情報に基づきます。

本書が皆様の資産形成に役立つことを願っています。

2025年3月

大西 知生

Contents もくじ

はじめに	3
第1章　アート投資時代の到来	11
1　大手メディアがアートを取り上げる	12
2　アート作品の値上がり事例	14
3　富裕層のポートフォリオ	19
Topics　史上最高落札価格 510億円 ダヴィンチの『サルバトール・ムンディ』	24
第2章　投資家の観点からのアート	27
1　他の資産クラスとのリターン比較	28
2　アート投資におけるリスク	29
3　リスクのコントロール	37
Topics　査定と鑑定	40
第3章　アート市場とオークションのしくみ	43
1　プライマリー市場とセカンダリー市場	44
2　オークションのしくみ	48
Topics　アート市場と株式市場の共通点	54
第4章　データから見た世界と日本のアート市場	59
1　世界のアート市場	60

		2	日本のアート市場	64
		3	日本のアート市場のポテンシャル	71

Topics	アートフェアの楽しみ方	76

第5章	アートのジャンル別価格特性		79
	1	ヨーロッパの巨匠	80
	2	印象派	83
	3	近代アート	88
	4	現代アート	92
	5	日本のアート	99
	6	NFTアート	105

Topics	プリント作品の技法	110

第6章	アート作品の入手方法		115
	1	ギャラリーでの購入	116
	2	オークションでの落札	121
	3	アーチストから直接購入	127

第7章	アート投資の基本から応用		131
	1	投資に適した作品の価格帯	132
	2	タイプ別投資方法	133
	3	タイプ別投資方法のまとめ	147

Topics	投資と投機	149

第8章　アートと資産形成	151
1　分散投資の重要性	152
2　資産形成に向いているアート	154
3　どのくらいの金額でアート投資を行うか	158
あとがき　　アートを持つ喜び／負けない投資	162
解説	165
付録	167
"投資の観点から見た" 20世紀以降のアート年表	168
用語集	170
参考文献	180

第 1 章

アート投資時代の到来

Chapter 1

1 大手メディアがアートを取り上げる

「現代アート、マネーと共鳴」
これは 2024 年 5 月 26 日の日本経済新聞の一面トップ記事の見出しです。「現代アートの作品市場が急拡大している。世界のオークション売上高はこの 20 年で 25 倍に膨れ上がった。」と始まるこの記事は、以下の文章が紙面の上を踊っています。

" 市場の活況は、何より「資産」として有望と見なされているからだ "

" 現代アートの収益力は中長期だと一部の株式や不動産を上回る "

" 保有資産 3,000 万ドル以上の超富裕層は、資産の 5% 程度をアートや時計、ワインなどに投資している "

日本経済新聞
(2024 年 5 月 26 日付)
「現代アート、マネーと共鳴」

この記事は日本経済新聞社の許諾を得て転載しています。無断で複写・転載することを禁じます。

メディアがアートに注目する例は新聞だけではありません。テレビや雑誌など様々な媒体においても以下に挙げるようにアートの投資や価格に関するトピックが扱われています。

・現代アート 高騰のワケとは？
　　（NHK 漫画家イエナガの複雑社会を超定義　2023年9月15日）
・今こそ、教養として知っておきたいアートという資産
　　　　（家庭画報　2021年5月号から全7回）
・緩和マネーで爆騰！ アートとお金
　　　　（週刊東洋経済　2021年2月20日号）

世界最大のアートフェアであるアート・バーゼルがスイス最大手の銀行であるUBSと共同で制作した報告書「Art Market Report 2024」によると、2023年における世界のアート取引の市場規模は650億ドル（約9兆1,000億円*）で、オークションの取引額では現代アートが59%を占めます。この比率は2000年の17%と比べて3倍以上に増加しています。

ブームともいえる現代アートですが、その背景にはオークションなどでの取引価格が急上昇していることがあり

---

*日本銀行が公表する「東京外為市場における取引状況」の2023年中平均レート1ドル=140.59円を使用。

第1章　アート投資時代の到来

ます。さらに、日本経済新聞の記事にもあるように、現代アートは値上がりが期待できる「資産」として保有される傾向が高まっています。現代アートの値上がりについて、いくつかの象徴的な作品におけるオークションでの落札価格を参考に見てみましょう。

2 アート作品の値上がり事例

アンディ・ウォーホルの『マリリン・モンロー』

ここではアンディ・ウォーホル (Andy Warhol 1928-1987) の作品を例にとってその価格の推移を見てみます。ウォーホルはニューヨークでイラストレーターとして仕事をしていましたが、30歳前後からアーチストとしての活動を開始し、33歳の時にキャンベル・スープの缶をモチーフとした作品を制作し注目を浴びました。「ファクトリー」と称するスタジオを設け、経済成長のさなかにあったアメリカの大量消費社会を背景に、当時アートの世界に導入され始めたシルクスクリーン*の印刷技術を用いて作品を大量生産しました。

ウォーホルは社交界とも付き合いが多く、有名人のポートレイト作品を多数制作しています。それらにはエルヴィス・プレスリー、エリザベス・テイラー、イングリッ

ド・バーグマン、ミック・ジャガー、毛沢東、そして坂本龍一などがあり、これらを目にしたことのある人も多いかと思います。彼は1970年に『ライフ』誌に「1960年代にもっとも影響力のあった人物」としてビートルズとともに選ばれています。

美術史の流れの中では、1960年代の米国において隆盛を極めた大量生産・消費をテーマとして表現するポップアートの旗手として、ウォーホルはロイ・リキテンスタイン（Roy Lichtenstein 1923-1997）らとともに名を刻んでいます。

＊シルクスクリーン　細かい網目状の布を使用してインクを押し出し、デザインを紙や布、プラスチックなどの様々な素材に転写するプリント作品の技法。かつては布に絹（シルク）を利用していたためこの名がついた。アート作品の場合は作品の下部に鉛筆でエディション番号（限定番号）、アーチストのサインを記入することが多い。スクリーンプリント、セリグラフと呼ぶこともある。

ここで取り上げるのはウォーホルのシルクスクリーン作品の中でもっとも人気の高い『マリリン・モンロー(Marilyn Monroe)』です。この作品には同じデザインで色の異なるものがありますが、ここでは中でも人気のある背景がセージブルーで肌の色がピンク色、サイズが91.5cm四方のものに絞りました。1967年に制作されたこの作品は同種のものが250枚印刷されており、世界中のオークションハウスで取引されています。

第1章　アート投資時代の到来

アンディ・ウォーホル
『マリリン・モンロー』

Warhol, Andy
1928 Pittsburgh - 1987
New York

Marilyn Monroe (Marilyn). 1967.

提供：akg-images/ アフロ

© 2025 The Andy Warhol Foundation for the Visual Arts, Inc. / Licensed by
ARS, New York & JASPAR, Tokyo X0397

ウォーホル『マリリン・モンロー』- 落札価格推移

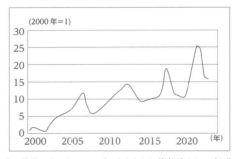

出典：世界のオークションデータをもとに筆者がイメージを作成

このグラフは、オークションでの落札価格について、2000年の価格を基準とした場合の、その後の価格の変動を示しています。実際の金額は2000年で1万2,000ドルでしたが、その後上昇トレンドとなり、最高落札価格は2022年5月にサザビーズで行われたオークションでの30万ドル（約3,900万円）です。これは2000年と比べると25倍の値上がりとなります*。

* 為替レートの変動（円安）を考慮すると約30倍の値上がりとなっている。

余談ですが、ウォーホルの『マリリン・モンロー』には前述の250枚刷られたシルクスクリーンとは別に、1964年に制作された一点物のオリジナル原画＊『Shot Sage Blue Marilyn（撃たれたセージブルーのマリリン）』があります。これは2022年5月にクリスティーズで実施されたオークションで1億9,500万ドル（約255億円）で落札されました。これは2017年に落札されたジャン＝ミシェル・バスキア（Jean-Michel Basquiat 1960-1988）による作品の落札価格、1億1,050万ドル（約144億円）というこれまでの記録を破り、米国人アーチストによる史上最高額となりました。

＊画家が描いた（複製画ではない）オリジナル作品。

草間彌生の『かぼちゃ』

草間彌生（1929-）は世界のアート市場でもっとも人気が高いアーチストのひとりです。アートのオークション関連情報を提供している artprice.com が公表している「The Art Market in 2023」によると、2023年において、草間の作品はオークションで合計1億8,971万ドル（約267億円）取引されており、これは世界全体で8番目の取引額です＊。

＊1位はピカソの5億9,698万ドル。

第1章 アート投資時代の到来

草間の著書『水玉の履歴書』によると、彼女は幼少期から幻覚や幻聴に襲われており、それらから逃れるために絵を描き始めました。28歳の時に渡米しニューヨークで絵画や立体作品の制作に加えてボディペインティングなどの過激なパフォーマンスを繰り返し「前衛芸術の女王」と呼ばれるようになりました。そのころから網模様や水玉模様など同一のモチーフの反復を描くようになり、このころの代表作には『無限の網』、そして『かぼちゃ』の連作があります。

ここでは草間作品の中でも比較的作品数の多い『かぼちゃ』、その中でもオークションで頻繁に取引されている、0号から2号*までのサイズの原画に絞ってオークションでの取引価格のイメージをグラフにしました。

* 四角形の長辺が 24cm 以下

草間彌生『かぼちゃ』
※シルクスクリーン
提供：Getty images

Christie's Presents Autumn
Highlights In London
Photo by WIktor Szymanowicz/
NurPhoto via Getty Images

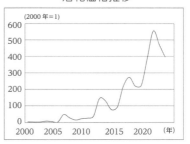

出典：世界のオークションデータをもとに筆者がイメージを作成

18

2005年前後までは1,000ドル前後で取引されていた作品ですが、その後上昇トレンドに入り、2022年には60万ドルを超える価格で落札されています。これは、作品の価格が20年たらずで最大で約550倍へと上昇したことを示しています。

アンディ・ウォーホルの場合もそうでしたが、世の中に一点しか存在しない原画作品は、オークションに出品された場合、コレクターにとって"今回を逃せば次のチャンスはないかもしれない"という心理が働くことがあります。同じオークションでこのようなコレクターが複数いると作品の価格が極端に上昇することになります。

3 富裕層のポートフォリオ

世界の富裕層は資産の5％をアートで保有

世界の富裕層は資産の5％をアートで保有している、といわれています。これは英国の富裕層向け資産コンサルティング会社であるナイト・フランク社（Knight Frank）が作成したThe Wealth Reportのデータをもとにしています。

このレポートによると保有資産が3,000万ドル(約45億

円)以上の富裕層は資産を、投資用不動産に27%、株式に23%、債券に17%、現預金に11%、アートコレクションに該当する収集品に5%振り分けています。ちなみに金、貴金属は3%、ビットコインなどの暗号資産は1%です。

このレポートは将来のことについてのアンケート結果も載せており、それによると、世界の富裕層の実物資産への投資において、回答者の48%が今後アート作品への投資を増やすことを考えています。これは時計やクラシックカーなどを抑えてもっとも高い割合となっています。

同様の傾向は、バンク・オブ・アメリカ・プライベート・バンクが米国人を対象に調査し、公表している「2024 Study of Wealthy Americans」にも見られます。これは米国において投資資産300万ドル(約4億8,000万円)以上を保有する富裕層1,007人について世代ごとのアンケートを取ったものです。

今後どのような実物資産への投資を増やすか

アート作品	48%
時計	42%
クラシックカー	38%
ワイン	35%
宝飾品	28%
ウイスキー	26%
ハンドバッグ	22%
コイン	15%
ダイヤモンド	13%

出典:Knight Frank「The Wealth Report」のデータをもとに筆者が作成

これによると、米国の富裕層のうち20%がすでにアート作品を保有しており、さらに20%が今は保有していないが今後保有することに興味があると回答しています。特

筆すべきはミレニアルおよびZ世代（つまり43歳以下）の富裕層で、彼らのうち40%がすでにアート作品を保有しており、43%が今後保有することに興味があると回答しています。この結果は、米国では若い世代の富裕層が今後アート市場に参入してくる可能性が高いことを示唆しています。

このように見ると、アート作品への投資は、これまでも高いパフォーマンスを誇ってきましたが、海外の富裕層は今後も有望な投資対象であると見ていることがわかります。

日本の富裕層

世界の富裕層がアートを資産として保有し、今後もアートを有望な投資先と見ていることを説明しましたが、日本の富裕層はどうでしょうか。

日本の富裕層の資産構成については直接的な統計やレポートがなかなか見つからないのですが、国税庁が公表している「相続税の申告事績の概要」で、ある程度把握することができます。
2023年12月に公表されたこのレポートによると、相続財産の金額内訳は、土地・家屋、つまり不動産が37.4%ともっとも多く、現金・預貯金34.9%、有価証券16.3%

と続きます。アート作品は出てきません。

日本の場合、アートは美術館で見るものという意識が強く、作品を保有して資産として見なすという考え方に至っていないことが、資産構成において世界の富裕層との違いを生み出しているのかもしれません。

相続財産の内訳

出典：国税庁「令和4年分相続税の申告事績の概要」のデータをもとに筆者が作成

Point

第1章のポイント

- アートを投資の対象と見る動きが高まっており、多くのメディアがそのことを取り上げている。

- 世界のアート取引の市場規模は約9兆円で、そのうちの約6割が現代アート。

- 世界の富裕層はアートを資産ポートフォリオに組み入れており、今後はこの傾向がさらに強まる可能性がある。

Topics

レオナルド・ダ・ヴィンチ
『サルバトール・ムンディ』

史上最高落札価格 510 億円
ダ・ヴィンチの『サルバトール・ムンディ』

これまでにもっとも高い価格がついたアート作品はレオナルド・ダ・ヴィンチ（Leonardo da Vinci 1452-1519）が描いたとされる油彩画『サルバトール・ムンディ (Salvator Mundi 世界の救世主)』です。この作品は 2017 年 11 月 15 日に世界最大手のオークションハウスのひとつであるクリスティーズのオークションで 4 億 5,031 万 2,500 ドル（約 510 億円）で落札されました。落札者はサウジアラビアの王族だと伝えられています。

この作品は 1500 年前後にフランス王ルイ 12 世の発注により描かれたと考えられており、その後は長きにわたりイングランド王室に所有されていたようですが、紆余曲折を経て 20 世紀中はダ・ヴィンチの弟子の作品として売買されていました。1958 年にはオークションで 45 ポンド（約 4 万円）で落札されています。

この作品がダ・ヴィンチのオリジナル絵画であると考えた米国の画商ロ

バート・サイモンらが 2005 年に共同でこの作品を 1,175 ドル（約 13 万円）で購入し、調査を開始しました。2011 年から 12 年にロンドンのナショナル・ギャラリーで実施された真贋鑑定で、真作とされたため同美術館の展示会で披露されました。その後はスイスの画商（8,000 万ドルで購入）やロシアのコレクター（同 1 億 2,750 万ドル）を経由して、2017 年のクリスティーズのオークションに出品されたわけです。

『サルバトール・ムンディ』は 2017 年にアラブ首長国連邦（UAE）の首都・アブダビに開館したルーブル美術館の分館であるルーブル・アブダビの目玉作品になるといわれたこともありましたが、今のところ展示されていません。この作品は現在も真贋についての議論がなされていること、所在が不明で謎が多いことなどから世界中の注目を浴びています。この作品を題材にした映画『ダ・ヴィンチは誰に微笑む』（監督 アントワーヌ・ヴィトキーヌ 2021 年製作）、『ロスト・レオナルド』（監督アンドレアス・クーフート 2021 年製作）が作られるなど、引き続き多くの関心を集めています。

参考までに、2024 年時点での歴代高額取引トップ 10 を挙げておきます。

アート・オークション　歴代高額取引　トップ10

	落札/取引額（ドル）	円換算*（円）	作家	作品名	制作年（年）	落札/取引年月（年/月）
1	4億5000万	510億	レオナルド・ダ・ヴィンチ	サルバトール・ムンディ	1500年ごろ	2017/11
2	3億	360億	ウィレム・デ・クーニング	Interchange	1955	2015/9
3	2億5000万	205億	ポール・セザンヌ	カード遊びをする人々	1893	2011/4
4	2億1000万	230億	ポール・ゴーギャン	いつ結婚するの	1892	2014/9
5	2億	240億	ジャクソン・ポロック	Number 17A	1948	2015/9
6	1億9800万	229億	レンブラント・ファン・レイン	旗手	1636	2022/2
7	1億9500万	255億	アンディ・ウォーホル	ショット・セージブルー・マリリン	1964	2022/5
8	1億8600万	193億	マーク・ロスコ	No.6 (Violet, Green and Red)	1951	2014/8
9	1億8380万	188億	グスタフ・クリムト	水蛇 II	1907	2013/11
10	1億8000万	216億	レンブラント・ファン・レイン	肖像画	1634	2015/9

* 円換算は落札／取引時の為替レートを使用。
出所：Wikipedia「List of most expensive paintings」をもとに筆者が作成

第2章

投資家の観点からのアート

この章ではアートを投資対象として見た場合、その収益性（リターン）やリスクについて他の資産クラスと比較しながら見ていきます。

Chapter 2

1 他の資産クラスとのリターン比較

世界のオークションハウスから取引データを入手・公表しているArtmarket社が作成する指数であるArtprice100によると、アート作品の価格は全体として2000年から2024年6月にかけて7.2倍となっています。同じ期間の他の資産クラスのパフォーマンスと合わせてみると以下の通りです。

アート（Artprice100）	7.2 倍
米国株（S&P 500）	3.9 倍
日本株（TOPIX）	1.6 倍
不動産（東証 REIT 指数）	1.5 倍 *

*東証REIT指数は2003年3月から算出されているためその時点を基準とした。

ここでは個々の資産クラスを表す指数として、米国株はS&P 500[1]、日本株はTOPIX[2]、不動産は東証REIT指数[3]を用いています。

[1] S&P ダウ・ジョーンズ・インデックス社が公表している、米国株式市場の株価指数。ニューヨーク証券取引所などに上場している代表的な500銘柄の時価総額をもとに算出。

[2] TOPIX Tokyo Stock Price Index の略で、東京証券取引所の時価総額をもとに算出。

[3] REIT 東京証券取引所に上場の不動産投資信託であるREITの全銘柄を対象とした時価総額加重平均型の指数。

資産クラス別価格

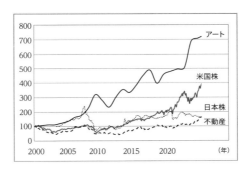

出典：Artmarket、日本取引所グループのデータをもとに筆者が作成

こうしてみると、アート投資が他の資産クラスと比べて高いリターンを発揮していることがわかります。ここで使用したArtprice100は16世紀から現代までのアーチスト100人の作品の価格動向を反映させた指数ですが、対象を現代アートの作品に絞ると上昇率はさらに高まるものと想像できます。

Chapter 2

2　アート投資におけるリスク

アート投資が高いリターンを発揮していることはわかりました。しかし投資である以上、多様なリスクが存在します。ここでは投資家の観点からリスクについて多面的に考えてみます。

第2章　投資家の観点からのアート

金融市場における資産運用の専門家であるファンドマネージャーは投資において、リターンを追求すると同時にリスク管理も徹底しています。ファンドマネージャーは主に以下の4つのリスクを管理しています。

> 価格変動リスク
> 流動性リスク
> 信用リスク
> 為替リスク

これらのリスクについて、アート投資にあてはめて考えることはとても有意義なことなので、それぞれについて説明していきます。

価格変動リスク

価格変動リスクは文字通り投資した資産の価格が変動し下落するリスクです。
株式投資の場合は購入した株価が値下がりするリスクです。株価はその企業の業績だけではなく、景気や国内外の政治情勢などを反映して変動します。また、企業規模や発行株式数などによっては値動きが激しい株もあれば、比較的安定している株もあります。

これをアート投資にあてはめて考えると、購入したアート作品の価格が下がるというリスクが該当します。
アート作品の価格は、作品の美しさだけではなく、作品が持つメッセージ、話題性、そして希少性など様々な要因で変動します。株価であればPER（Price Earnings Ratio 株価収益率）、不動産価格であれば収益還元法などで"理論価格"を計算することができますが、アート作品の価格にはそのようなものはありません。

特に近年、人気のある現代アートの作品の価格は、数十倍、数百倍となることもあれば、1年間で半値になってしまうこともよくあります。場合によっては値がつかず売れないこともあります。投資としてアート作品を保有する場合は、このリスクを十分に考慮する必要があります。

流動性リスク

投資における流動性とは、売買や換金の容易さのことです。その観点から見ると、アート投資の流動性リスクは極めて高いといえます。東京証券取引所などに上場されている株であれば、証券会社を通して取引所で株を売却し、数日後には決済資金を受け取ることができます。不動産の場合は株式と比べて換金が容易ではありませんが、収益還元法などで導かれる理論価格や周辺物件の相

場を考慮した価格を設定すれば、流動性リスクを減らすことが可能となります。

一方で、アート作品の売却には時間がかかります。例えば作品をオークションで売却する場合、出品可否の査定、オークションハウスによるカタログの作成、下見会での展示などを経てからオークションの開催となります。作品がオークションで落札されてから代金が入金されるのは通常1カ月後です。したがって、作品を売却しようと決めてから入金されるまでには、早くて2カ月、場合によっては半年以上かかるケースもあります。また、オークションに出品したとしても入札者がいなければ不落札となり作品を売却することはできません。

オークション以外の方法で作品を売却するには、その作品の購入希望者を見つけてくる必要がありますが、そのような人を見つけることは簡単ではないですし、どのようにして価格を決めるのかという問題もあります。ギャラリーや買取業者に作品を買い取ってもらうという選択肢もありますが、それはアート作品を保有することによる様々なリスクをそれら業者に引き受けてもらうことを意味するため、一般的にはオークションより低い価格での売却となります。

なお、上場株への投資の場合は、最大損失額をあらかじめ決めておいてストップロス（損切り）オーダーなどを

使えば、投資に対する損失を一定の限度にコントロールすることができますが、アート作品への投資の場合はその流動性の低さから、損失をコントロールすることは容易ではありません。

流動性リスクはアート投資においては特に注意すべきリスクであるといえるでしょう。

信用リスク

信用リスクは、金融市場ではデフォルト・リスクとも呼ばれ、株式や債券を発行している企業が倒産などで債務不履行に陥るリスクのことです。

アート投資において信用リスクに近いものは、贋作を保有してしまうリスクです。贋作とはアーチスト名や制作年などを偽って作ったいわゆるニセ物のことです。贋作は古代エジプトの時代からあり、アートと贋作は切っても切れない関係にあります。近代の贋作者ではフェルメール（Johannes Vermeer 1632-1675）の贋作を制作したハン・ファン・メーヘレン（Han van Meegeren 1889-1947）や、映画『美術館を手玉に取った男』のモデルになったマーク・ランディス（Mark Landis 1955-）が有名ですが、最近では徳島県と高知県の美術館が購入した作品が贋作であったとして話題になりました*。

* ドイツ人アーチストのウォルフガング・ベルトラッキ氏が2024年7月に行われたNHKのインタビューで、徳島県立近代美術館と高知県立美術館にある作品が自分の描いた贋作であると話している。

第2章　投資家の観点からのアート

国内外を問わず人気のあるアーチストには贋作が存在する可能性を否定できません。保有している作品が贋作とわかれば、その価値は極端に低下、もしくはゼロになります。

では贋作をつかまされないようにするにはどうすればよいでしょうか。
残念ながら完全な解決方法はありません。出来の悪い贋作は一目見てわかりますが、熟練の贋作者が作成する贋作を見破ることは美術館の学芸員などアートのプロでも簡単ではありません。

しかしながら、リスクを減らす方法はあります。
それは、信用のおける会社と取引することです。具体的には設立して10年以上経つギャラリー、もしくは大手のオークションハウスを通して作品を入手することです。
アート作品は例えばそれが油絵の場合、物質的にはキャンバスと絵具であり、それ自体は高価なものではありません。その作品に数百万円、場合によっては億円単位の価格がつく背景には購入者側（個人や組織）の価値観や思惑があり、その前提にはそれらを提供する側への信用があります。

長きにわたり業務を続けている会社は顧客からの信用を得ており、それを維持するために努力を続けています。

それらの会社が贋作を売ったということになると、その信用が著しく傷つきその後のビジネスに大きな影響を与えることになるため、彼らは作品を取り扱うにあたり、鑑定書や来歴＊をチェックするなど真贋の確認には細心の注意をはらっています。

＊ アート作品の所有者や保管の歴史。来歴は、作品の真正性や価値を証明するための重要な要素となる。

為替リスク

アートを投資として考える場合、多くの人が見過ごしているものが為替リスクです。私たち日本人が世界的に名の知れているアーチストのアート作品を保有することは、同時に外国為替相場の変動リスクを取っていることと同義なのです。

第4章で詳しく説明しますが、世界のアート市場における国別の取引シェアは米国が42%、中国が19%です。米国のコレクターは自国通貨のドルを使ってアート作品を売買し、中国のコレクターも（自国通貨の人民元を国外に持ち出すことに制限があるため）ドルを使用する傾向にあります。つまり、世界のアート作品の取引の半分以上がドルで取引されているわけで、アート作品の価値はドルを基準として測られることが多くなります。

具体的に考えてみましょう。

例えば、日本のコレクターが海外のオークションハウスである作品を1万ドルで落札したとします。この時の為替レートが1ドル=150円であったとすると、円ベースで見た作品の購入価格は150万円です。3年後にその作品を同じオークションハウスに出品し1万2,000ドルで落札されたとします。

この場合、1万ドルで買った作品が1万2,000ドルで売れたので、20%の利益が出たと考えたいところですが、外国為替相場の変動を反映させると話は変わってきます。仮にその作品の売却時の為替レートが1ドル=120円であったとすると、円ベースで見た作品の売却価格は144万円です。つまり4%（6万円）の損失となります*。

* ここでは簡略化のためにオークションの手数料や配送コストは考慮していない。

この例では、1万ドルで作品を購入し保有するということは、1万ドルのドルの買いポジションを持って為替相場の変動リスクを取っていることと同じである、ということが理解できると思います。

為替リスクについては、日本においてコレクターだけではなくアートのプロでも気づいていないことが多く、日本で開催されるオークションにおいて円を基準とした価格（つまり最近の円安を反映していない価格）で出品された作品を、海外のコレクターが積極的に買っている光

景をよく目にします。

3 リスクのコントロール

Chapter 2

ここまでアートを投資対象として見た場合のリターンとリスクについて説明してきました。おさらいすると、アート投資は数倍、数百倍以上のリターンの可能性があるものの、様々なリスクを内包し価値がゼロになる可能性もあるということです。一言でいうとハイリスク・ハイリターンの投資となります。

このように書くと、高いリターンは魅力的だけど様々なリスクを管理することなんてとてもできない、と考え、アート投資をためらう人もいるでしょう。気持ちはわかります。

しかし、諦めるのは早計です。実は簡単なリスク管理の方法があります。
それは損失限度額を決めてから投資を開始するということです。

これはアート投資に限ったことではありません。例えば株に投資する場合でも、100万円投資して損失が50万円

になったらいったん保有株をすべて売却して撤退する、と決めておき、それを実行することはとても大切なことです。これさえ事前に決めておけば日々の値動きに一喜一憂したり動揺したりして後で後悔するような取引をする可能性が大幅に低下します。

これをアート投資にあてはめると「損失限度額＝投資額」、つまり全額失ってもよい余裕資金で作品を購入することを意味します。
アート作品は価格変動が大きく、売りたい時に売れない可能性があります。このような資産クラスに投資する場合は、教育資金や老後資金など将来に必要な資金ではなく余裕資金で行うことが鉄則となります。
余裕資金、つまりなくなってもいい資金で投資することが最良のリスクコントロールとなります。

Point

第 2 章のポイント

- アート投資は株、不動産など他の資産クラスと比べて高いリターンを発揮している。

- 投資における主なリスクには価格変動リスク、流動性リスク、信用リスク、為替リスクがあるが、これはアート投資にもあてはまる。

- 余裕資金で投資することが最良のリスクコントロール。

Topics

査定と鑑定

アート作品を売買するにあたり、よく耳にする言葉に査定と鑑定があります。
査定とはオークションハウスが予想落札価格（エスティメーション）を提示することです。またギャラリーが買取価格を提示することを指す場合もあります。一方で、鑑定とは作品の真贋を判定することです。
オークションハウスの査定は、作品情報（アーチスト名、作品名、サイズ、技法、制作年、来歴、鑑定の有無など）、過去のオークションでの落札価格、そして傷みなどのコンディションを考慮して、ジャンルごとの専門のスタッフにより行われます。

査定で神経をとがらせるのが作品の真贋、つまりその作品が本物であるかニセ物（贋作）であるかの判断です。アート作品と贋作とは切っても切れない関係にあり、古くはドイツのアーチストアルブレヒト・デューラーの贋作が15世紀から16世紀にかけて大量に出回ったり、有名なところでは"ナチスをだました画家"と呼ばれたフェルメールの贋作者ハン・ファン・メーヘレンの事件などがあったりします。
贋作はある程度のものであれば、専門家が見破ることができますが、精巧に作られたものであればその判断が難しくなります。

そこで重要となるのが鑑定書です。鑑定とは先に書いた通り作品の真贋を判断することですが、誰でも鑑定できるわけではなく、物故者についてはアーチストごとに主たる鑑定機関が存在します。鑑定機関はアーチスト本人の関係者、もしくはアート業界の中でも信頼度が高い関係者が設立したものなどがあります。

例えば国内だと、梅原龍三郎や平山郁夫であれば一般財団法人東美鑑定評価機構、横山大観であれば横山大観記念館などが鑑定を行っており、海外のアーチストだとシャガールならマルク・シャガール委員会（Comité Marc Chagall）、モネならウィルデンスタイン研究所（The Wildenstein Plattner Institute）などが鑑定を行っています。これらの機関は、本物と判断した作品については鑑定書を発行しています。

鑑定書以外で真贋を判断するうえで重要な材料となるのが作品の来歴です。来歴とはその作品が制作されてからこれまでにどのような経歴を経ているのかという記録です。これには所有者の変遷や展覧会での実績、そしてアーチストの作品目録であるレゾネ掲載の有無などが含まれます。
来歴において、過去の美術館や有名コレクターによる所有実績、もしくは大手オークションハウスでの取引実績などがあると、その作品が本物である可能性が高いと判断されます。

鑑定書と来歴は、それがないと贋作だということではありませんが、査定において大きな影響を与えます。言い換えれば作品を高く売ろうと思ったら鑑定書、もしくは来歴があった方がいいということになります。

第3章

アート市場とオークションのしくみ

この章ではプライマリー市場とセカンダリー市場という2種類のアート市場について解説し、アート作品の価格に影響を与えるオークションについて詳しく見ていきます。

プライマリー市場とセカンダリー市場

アート市場には2種類あります。それはプライマリー市場とセカンダリー市場です。

プライマリー市場は、アーチストが制作した作品を最初に取り扱う場、つまり新作販売のことです。ギャラリー、百貨店、アートフェアがその場となることも多いのですが、アーチストから作品を直接購入する場合もプライマリー市場に該当します。プライマリー市場は一次市場と呼ばれることもあります。

セカンダリー市場は、プライマリー市場で販売された作品が、転売される場所のことです。これには多くの場合オークションでの取引が該当しますが、ギャラリーが作品を買い取り・再販売することでセカンダリー市場の役割を果たすこともあります。セカンダリー市場は二次市場と呼ばれることもあります。

以下にそれぞれの市場について詳しく説明します。

プライマリー市場

プライマリー市場では、作品の売り手が販売価格を決めます。具体的にはアーチストとギャラリーが話し合って

価格を決めます。

販売価格はアーチストの経歴や人気、そして過去の実績を考慮して決められます。ここでいう過去の実績には、受賞歴や展覧会歴が含まれますが、影響が大きいのはこれまでの売買価格です。アーチストとギャラリーは過去の売買価格を基準にして人気が出てきていると判断すれば強気の価格を設定します。すでにオークションで取引されているアーチストであれば、オークションでの落札価格が、新作の販売価格に強い影響を与えることになります。

作品の売却代金は両者の関係性にもよりますが、アーチストとギャラリーで半分ずつ折半することが多いようです。ギャラリーが半分というと多いと感じる方もいるかもしれませんが、ギャラリーは、個展の開催やアートフェアへの出品、場合によってはSNSマーケティングの指導など、所属するアーチストを様々な面からサポートするために相当の経費を負担しています。これは私たちがイメージするタレントと芸能事務所の関係に似ているかもしれません。

余談ですが、アーチストのプライマリー作品を扱うギャラリーは国内外を問わず、才能あるアーチストの発掘に力を入れています。私は海外のアートフェアに行く機会

が多いこともあり欧米のギャラリーに知人が多いのですが、会うたびに「日本に金の卵はいないか」と聞かれます。日本国内のギャラリーの中にも、新しい才能を見つけるためのチームを作って、取り扱いアーチストを増やそうとしているところもあります。

なお、日本のプライマリー市場において日本のアーチストの作品の販売価格の決定は独特なものとなっています。日本では作品のサイズを「号」[*1]で測る習慣があり、そのうえで「このアーチストは1号につき5万円なので10号だと50万円」などというように価格がつけられることが多いです。

「号」あたりの価格は、無名アーチストの場合は材料費や制作の手間なども考慮されますがおおむね数万円だといわれています。実績のあるアーチストの場合は、活動期間や日本画壇における地位が影響します。したがって、日本芸術院[*2]の会員などであると価格が高くなる傾向にあります。

[*1] 1号の場合、長辺が22、10号だと53、100号だと162cm
[*2] 芸術各分野の優れた芸術家を優遇顕彰するために設けられた国の栄誉機関。日本画の会員数は10名前後。

日本のプライマリー市場における洋画や日本画などのアーチストの情報を調べるには美術新星社が発行する『美術市場』という冊子が便利です。そこには現役アーチストの経歴や「号」あたりの価格が掲載されています。

『美術市場』の2024年版には、170人の日本のアーチストが載っており、「号」あたりの価格は8万円から200万円まで様々です。この中で100万円を超えているアーチストは千住博、田渕俊夫、福王子一彦の3人ですが、彼らはみな、日本芸術院の会員です。

アーチストがコレクターに自分の作品を直接販売するケースもプライマリー市場に含まれますが、この場合はアーチストが価格を決めます。アーチストが価格を決める場合は、作品に込めた思いが反映されるため、割高になることもあるかもしれませんが、買い手がその価格に納得して購入するのであれば、それはそれでよいと考えています。

セカンダリー市場

セカンダリー市場ではマーケットにおける需要と供給で価格が決まります。オークションでの取引がその典型的な例で、人気のある作品は複数の入札者が価格を競り上げて高値で落札されることになりますが、反対に不人気な作品は落札価格が低くなる、もしくは値段がつかない（不落札といいます）こともあります。
アートの世界で価格が上がったとか下がったとかいう場合は、一般的にはセカンダリー市場における価格、特にオークションにおける落札価格のことを指し、本書でもそれに従います。

Chapter 3

2 オークションのしくみ

アート作品のオークションというと、映画などで目にするような、オークション会場で次々と作品の写真が映し出され、それを入札者たちが手元の札（パドル）を掲げ金額を競い合い、オークショニアと呼ばれる司会進行役がそれらを仕切っていく光景を思い浮かべる人が多いと思います。「ダビンチ幻の絵500億円　史上最高額、NYで落札」* というようなニュースを目にすることもあり、オークションというと高額な取引ばかりなされているような印象があるかもしれません。しかし、実際には数万円で落札される作品も多くあります。

アート作品がオークションで取引され、作品が落札者の手元に届くまでには、様々な段階がありますが、以下に順を追って説明します。

* 2017年11月16日 日本経済新聞 電子版の見出し。

オークションの準備

まずは、オークションを主催する会社、つまりオークションハウスが取り扱う作品の内容とオークションの開催日を決めます。内容とはそのオークションで取り扱う作品

のジャンルなどのことですが、それらは現代アート、ジュエリー、ワインなど様々で、〇〇さんのコレクション、などの名目でオークションが開催されることもあります。また、ジャンルを決めずにすべてのアート作品を取り扱うオークションが開催される場合もあります。開催日については海外のオークションハウスでは曜日にかたよりはないようですが、日本の場合は土曜日や日曜日などの週末に開催されることが多いようです。

取り扱う作品の内容とオークションの開催日が決まれば次は出品の準備です。オークションハウスは顧客から預かった作品についてその状態や来歴などを鑑みて査定を行い、エスティメーション＊を決めます。顧客がエスティメーションに同意すれば出品が決まります。出品作品が決まると、オークションハウスはカタログと呼ばれる出品作品の目録を作成します。カタログにはすべての出品作品が掲載されており、それぞれにおいて写真とともにアーチスト名、作品名、サイズ、鑑定書の有無、そしてエスティメーションなどが記載されています。作品によっては解説文が付記されている場合もあり美術書のようでもあります。カタログは多くの場合ウェブサイトでも見ることができます。

＊オークションにおける予想落札価格。100万円〜120万円というように値幅をもって示される。通常この値幅の下限から競りが開始される。

下見会

アートオークションでは、オークション開催前の数日間で下見会と呼ばれる作品展示会が開かれることがあります。下見会は入札を検討しているオークションハウスの顧客が作品を実際に見てコンディションなどをチェックすることを目的としており、通常は誰でも無料で入場可能です。下見会では個々の出品作品にアーチスト名、作品名、そしてエスティメーションを記載した札がつけられています。アンティーク食器や彫刻などを実際に手に取ってみることもできます。そして、その場にいるオークションハウスのスタッフに、作品の解説を聞くこともできます。

私はアートオークションの下見会を「作品に値段がついている入場無料の美術館」と名づけており、日本だけではなく海外のオークションハウスの下見会にもよく行きます。特に２大オークションハウスと呼ばれるサザビーズやクリスティーズの下見会ではピカソやレンブラントなど巨匠と呼ばれるアーチストの作品が展示されていることもあり、それらを間近で見て専門のスタッフにいろいろと質問しています。特にエスティメーションについてその根拠や傾向などについて質問できることは美術館にはない下見会の魅力だといえます。

オークション当日

オークション当日は、カタログにつけられたロット(作品)番号順に競りが始まります。入札の方法としては、オークション会場に来てパドルを上げる、電話を使用する、事前に上限入札額をオークションハウスに通知しておくなどがありますが、近年ではインターネットのライブ中継を見ながら入札するオンライン入札が増えています。

多くの場合はエスティメーションの値幅の中で落札価格が決まりますが、人気の作品についてはエスティメーションの上限を超えて競りがなされることもあります。オークションハウスは取引の場所を提供するところなので、株式などが取引される証券取引所と比較されることがありますが、株式とは異なりストップ高などの値幅制限がないので、エスティメーションの上限の数倍の水準で落札価格が決まることもあります。一方で、入札者がまったくない作品については、不落札となり作品は出品者に戻されます。なお、オークションの入札には手数料はかかりませんが、落札した場合は落札者がオークションハウスに通常、落札価格の15～25%の手数料を支払います。

オークション終了後

オークションが終了すると、通常その翌日に個々の作品の落札価格がウェブサイトなどで公表されます。出品者や落札者の名前は公表されません。落札者はハンマープライスと呼ばれる落札価格に手数料などを加えた金額をオークションハウスに支払った後に、作品を受け取ります。作品は郵送、直接引き取りのいずれも可能です。出品者は落札の代金が支払われた後に、売却代金を受け取ることになります。

オークションを中心とするセカンダリー市場ではマーケットにおける需要と供給で価格が決まると書きましたが、落札価格も広く公表されるため、オークションは**透明性**が高いマーケットであるといえます。

Point

第 3 章のポイント

- アート市場にはプライマリー市場とセカンダリー市場の2種類の市場がある

- 価格は、プライマリー市場では売り手、セカンダリー市場では需給によって決められる。

- セカンダリー市場の中心的役割を担うのがオークションだが、その下見会は「作品に値段がついている入場無料の美術館」として楽しむことができる。

Topics

アート市場と株式市場の共通点

> 私は、ウェルスマネジメント（富裕層向け資産運用をサポートする業務）を専門とする会社の社員向け、または投資家向けにアート投資に関するセミナーや勉強会の講師をすることがあります。そこでよく聞かれるのは、"アートを資産ポートフォリオに組み入れたいが、アート市場がわかりにくいので躊躇している"という声です。このような方々には、アート市場を株式市場に例えて説明すると理解してもらえることが多いので、ここでも説明しておきます。

プライマリー市場 = スタートアップ企業の未公開株の購入

株式投資におけるスタートアップ企業の未公開株の購入は、宝くじの購入に例えられることがあります。経済産業省のデータを見てみると、2023年のスタートアップ数は2万2,000社でした。同年の新規株式上場数は96社なので、ざっくりいうと毎年2万社がスタートアップし、100社が上場していることになります。つまりその確率は200分の1です。確かに宝くじなみの低い確率です。

これらの企業に投資した場合、その企業の資金調達のどの段階で投資するかにもよりますが、その企業が株式市場に上場すれば、その収益率は数十倍から場合によっては100倍以上になるともいわれています。ただし、その企業が上場する、もしくは他の企業に買ってもらえなければ、基本的には株式を売ることができず資金を回収できません。

これを、現役アーチストの作品購入、つまりプライマリー市場での購入で考えてみます。2020年の国勢調査によると彫刻家、画家、工芸美術

家の総数は 5 万 4,400 人です。artprice.com が公表している TOP 500 CONTEMPORARY ARTISTS に載っている日本人アーチストは 34 人です。このリストに載っているアーチストの作品は一定の価格以上でオークションで取引されていることを意味します。単純計算すると、プライマリー市場で購入した作品が後にオークションで取引される確率は約 1,600 分の 1 となります。プライマリー市場で購入したアーチストの作品がオークションで取引され、その後価格が上昇して買い値の 100 倍以上の収益率となることがありますが、オークションなどで取り扱いがないのであれば、その作品を売却することは困難です。

つまり、投資の観点から見ると、プライマリー市場での作品購入とスタートアップ企業の未公開株の購入は、いずれもその作品や株式を売却して利益を得る確率は非常に低いものの、成功すれば 100 倍以上の収益率を生み出す可能性があるという点、言い換えればハイリスク・ハイリターンという点で類似しています。
さらに、プライマリー作品を購入するということはアーチストを支援するという側面があるということも、スタートアップ企業の株を持ってその企業を応援することと共通しているかもしれません。

現代アートのセカンダリー市場 = 東証グロース市場

東京証券取引所(東証)における市場区分は、プライム市場、スタンダード市場、グロース市場の 3 つです。その中でグロース市場は「高い成長可能性を実現するための事業計画及びその進捗の適時・適切な開示が行われ一定の市場評価が得られる一方、事業実績の観点から相対的にリスクが高い企業向けの市場」と定義されています。

Topics

現代アートのセカンダリー市場、つまりオークション市場で作品を入手することと、東証グロース市場で株式を購入することにはいくつかの共通点があります。

まず、どちらも基本的に市場での売却が可能です。プライマリー作品と未公開株では、売却が困難なのに対し、セカンダリー市場やグロース市場では、「止めたい時に止められる」という利点があります。これは投資において重要なポイントです。

次に、値動きの大きさが共通点として挙げられます。現代アートの作品は制作されてからの時間が短いため、市場評価が不安定で、流行やアーチストの言動などが作品の価格動向に大きな影響を与えることがあります。東証グロース市場の新興企業の株価も荒い値動きとなりやすく、価格変動リスクが比較的高いことが特徴的です。

伝統的アートのセカンダリー市場
＝東証スタンダード / プライム市場

東証におけるスタンダード市場とプライム市場は、いわゆる大企業の株式が取引される市場です。これは、レンブラントやピカソなどの伝統的アート作品のセカンダリー市場に例えることができます。

いずれも価格変動が比較的おだやかです。これは市場での取引実績が積み上がっていることなどから、アーチストや企業に対する評価が確立されていることが背景にあります。

なお、これはアート市場全般にあてはまることですが、その流動性は株式市場とは大きく違います。2023年の東証の3市場における売買代金の合計は1,012兆円に対し、アート市場は世界全体でも9兆1,000億円です。つまり桁違いです。

したがって、上場株式であれば今日買って明日売るというような1日、場合によっては1時間単位の取引も可能ですが、アート作品の場合は年単位の長期投資となることは頭に入れておく必要があります。

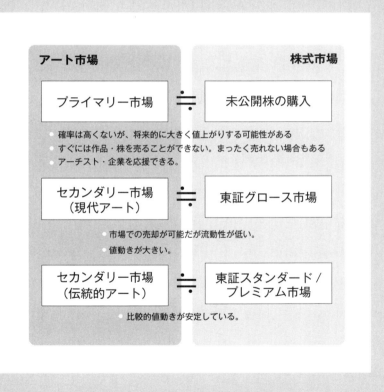

第 4 章

データから見た
世界と日本のアート市場

本章では統計などのデータを通して、アート市場の現状を分析します。投資対象としてのアートと向き合ううえで、市場の全体像を理解しておくことは重要であると考えています。
また後半では、日本のアート市場の展望について掘り下げて考えます。

Chapter 4

1 世界のアート市場

市場規模は9兆円　日本のシェアは1％

世界最大のアートフェアであるアート・バーゼルがスイスの大手銀行であるUBSと共同で調査・公表している「Art Market Report 2024」によると、2023年における世界のアート市場の取引額は合計650億ドル（約9兆1,000億円）です。これはマクドナルドの世界全体の売上高255億ドル（3.6兆円）と比較すると2倍以上の金額です。

世界のアート市場の取引額推移

出典：Art Basel/UBS「Art Market Report 2024」のデータをもとに筆者が作成

これを国別のシェアで見ると、アメリカが42％で最大、次いで中国が19％、イギリスが17％と続きます。日本は

1%で8番目のシェアです。中国のシェアは2008年は10%未満でしたがその後急速に伸びています。その分イギリスがシェアを低下させており2008年には34%のシェアを誇っていましたが近年は20%未満に減少しました。

これらの数字を各国の経済規模と比較すると興味深い特徴が見えてきます。IMF（The International Monetary Fund 国際通貨基金）のデータではGDPのシェアはアメリカが26%で、中国17%、ドイツと日本は4%前後、イギリスとフランスは3%前後です。各国のGDP規模とアート市場のシェアを比較すると、アメリカ、イギリス、フランスではGDP比でアート市場が比較的大きく、ドイツや日本では小さいことが確認できます。

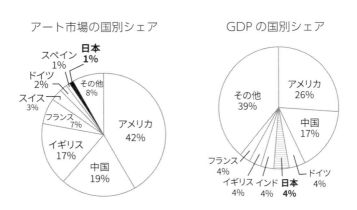

出典：Art Basel/UBS「Art Market Report 2024」、IMFのデータをもとに筆者が作成

第4章　データから見た世界と日本のアート市場

取引額はギャラリーとオークションでほぼ同じ

取引経路に着目した場合、ギャラリーでの取引が55%でオークションでの取引が45%となっており、おおむね半分ずつといったところです。

注目すべきはインターネットを使ったオンライン取引で、2019年までは60億ドル前後であったものがコロナ禍を機に急拡大しており2020年以降は120億ドル前後の取引となっています。取引件数で見ると、約60%は5万ドル以下と比較的小規模のものとなっています。

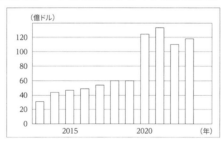

世界のアート市場のオンライン取引額推移

出典：Art Basel/UBS「Art Market Report 2024」のデータをもとに筆者が作成

現代アートと近代アートで約80%

オークションで取引されている作品のジャンルのシェアでは現代アートが59%、近代アートが18%、印象派12%となっ

ています*。

* アート・バーゼルはアーチストの生年でジャンルを分けておりその定義は次の通り。本書ではコンテンポラリーアートと戦後アートを合算して現代アートとした。

コンテンポラリーアート：1945年以降
戦後アート：1910-1945 年
近代アート：1875-1910 年
印象派：1821-1874 年
古典的巨匠：1250-1821 年

世界のアート市場のジャンル別内訳

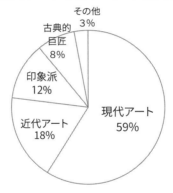

出典：Art Basel/UBS「Art Market Report 2024」のデータをもとに筆者が作成

　Art Market Report 2024 では1970年前後以降に生まれた若いアーチストの作品の需要が急拡大していることを特記事項として挙げています。取引における女性アーチストの作品の割合は増えてきているものの、依然として全体の取引額の 9% に過ぎません。なお、草間彌生をはじめとする上位 5 人の女性アーチストの取引額の合計は女性アーチスト全体の取引額の 60% です。

第 4 章　データから見た世界と日本のアート市場

2 日本のアート市場

洋画・日本画・陶芸が中心

文化庁は 2024 年 12 月に「The Japanese Art Market 2024」(以下、文化庁レポート) という日本のアート市場の規模や動向に関する調査分析レポートを公開しました。これは日本に法人を置くギャラリー*などとオークションハウスを対象とした美術品などの販売に関する 1 年間 (2023 年 1 月から 12 月) の売上データのアンケート調査の他、内閣府が公表している「国民経済計算 (GDP 統計)」、文化庁で行っている「文化行政調査研究」などの公表されている様々な統計をもとに、日本のアート市場を推計したものです。これまで日本のアート市場に関する統計データは十分に整備されていなかったのですが、今回このようなレポートが公表されたことは、政府がアート行政に力を入れている証(あかし)だと考えています。

* レポートでは「ディーラー」と記載されているが、本書では表記を統一するため「ギャラリー」と表現する。

これによると、2023 年における日本のアート市場の規模は 6 億 8,100 万ドル (946 億 5,900 万円)[*1] と推計されて

おり、これは2022年との比較では10%減少しています。しかし、2019年以降の成長率では、世界のアート市場が1%という緩やかなものであるのに対し、日本のアート市場の成長率は11%となっており、世界のアート市場の成長率を上回っています。

文化庁レポートには、ジャンルの内訳データはありませんが、エートーキョー株式会社と一般社団法人芸術と創造の調査[*2]によると、日本のアート市場は洋画、日本画そして陶芸が大きな割合を占めており、現代アートは15%です。

[*1]「The Japanese Art Market 2024」では1ドル=139円の為替レートが使われている。
[*2]「日本のアート産業に関する市場レポート2021」

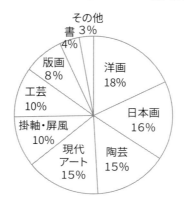

日本のアート市場のジャンル別内訳

出典：エートーキョー/芸術と創造のデータをもとに筆者が作成
数値の四捨五入により合計は100%にならない

第4章　データから見た世界と日本のアート市場

ギャラリーでの取引が3分の2

先ほど世界のアート市場ではギャラリーとオークションの比率がほぼ半分ずつだと書きましたが、文化庁レポートによると、日本ではギャラリーが3分の2を占めています。日本のアート市場はギャラリーが主導する市場であるといえます。

ギャラリーは全国に2,060軒を超える数があり、そのうちの59%が東京都内にあり、次に多いのが京都府の8%です。なお、全体の97%が国内のみでビジネスを展開しており、国外に拠点を持つのはわずか3%です。
ギャラリーの年間売上高の中央値は56万2,500ドル（約7,800万円）で、販売された作品の中央値は195点なので作品1点の中央値は約40万円となります。

オークションの平均落札価格は86万円

文化庁レポートによると、アート、骨董品およびコレクターズアイテムに特化し、市場で定期的に活動を行っているオークションハウスは、2023年現在で15社程度です。この中で売上高データを公開しているオークションハウスは9社で、その合計は2億2,100万ドル弱（約307億円）です。

2023年に日本で開催されたオークションでは総数で約5万3,800点が出品され、約4万1,800作品が落札されました。平均落札価格は約6,200ドル（約86万円）で、これは世界のオークションの平均値4万3,330ドル（約600万円）と比較して顕著な差があります。また、日本のオークションで落札された全作品のおよそ半分は1,000ドル（約14万円）未満であったことから、文化庁は「日本のオークション市場における低価格構造が浮き彫り」と指摘しています。

文化庁レポートでは、これまでの高額落札作品トップ10のうち、6作品は西欧アーチストが手掛けたものであったことに触れ、日本のオークションハウスで落札される高額作品は西欧のアーチストのものが多くを占めてきたことに言及しています。

日本のオークションにおける最高額落札ファインアート作品
(ハンマープライス。プレミアムは含まない)

	アーティスト	作品名	ハンマープライス（ドル）	落札年	オークションハウス
1	アンディ・ウォーホル	Silver Liz (Ferus Type) (1963年)	1,890万	2022	Shinwa Auction
2	パブロ・ピカソ	泣く女 (Tête de Femme en Pleurs)(1939年)	910万	2018	アイアート
3	草間彌生	かぼちゃ (1981年)	390万	2021	毎日オークション
4	パブロ・ピカソ	旗を持つ男	350万	2007	ニューアート・エストウェスト
5	藤田嗣治	画家の上着をはおる少女 Petites Filles avec La Veste de L'artiste	240万	2021	アイアート
6	草間彌生	かぼちゃ (1991年)	230万	2021	ニューアート・エストウェスト
7	ピエール・オーギュスト・ルノワール	Deux Sirenes (1916年)	200万	2018	毎日オークション
8	クロード・モネ	ダリア (1883年)	200万	1989	アデール・ピカール・タジャン
9	ピエール・オーギュスト・ルノワール	ガブリエルの報復 (Gabrielle Reprisant) (1908年)	190万	2015	毎日オークション
10	草間彌生	明日咲く花 (2010年)	180万	2021	ニューアート・エストウェスト

出典：文化庁「The Japanese Art Market 2024」をもとに筆者が作成

第4章　データから見た世界と日本のアート市場

わが国の政策としての対応

経済規模と比較して小さい日本のアート市場ですが、政府はどのように対応しているのでしょうか。

日本のアートについての政策は2001年に制定された文化芸術振興基本法 (2017年の法改正で文化芸術基本法に改名) に基づいています。この法律では前文に「文化芸術を創造し，享受し，文化的な環境の中で生きる喜びを見出すことは，人々の変わらない願いである。また，文化芸術は，人々の創造性をはぐくみ，その表現力を高めるとともに，人々の心のつながりや相互に理解し尊重し合う土壌を提供し，多様性を受け入れることができる心豊かな社会を形成するものであり，世界の平和に寄与するものである」と記載されています。
この法律に基づき政府は「文化芸術推進基本計画」を策定しています*。

* 現在の計画は2023年3月に閣議決定された第2期基本計画。

政策の遂行は文化庁が中心となっています。文化審議会のアート振興ワーキンググループ報告書(2022年3月29日)で、『国立美術館における今後の収集活動においては、国内外の将来的に歴史に残ると思われる作品(「ミュージアムピースと見なされる優れた現代アート」、「新しい価値観を提示した作品」、「その作家の代表作」

等）の同時代購入に取り組むことで「未来の古典となるコレクション」を目指していくべきである』とあり、国として現代アートに注力することを提言しています。
2023年3月には国立アートリサーチセンターが設立され、わが国のアート振興の拠点として、美術館コレクションの活用促進や日本のアートに関する情報資源の集約・発信などを主な活動としています。

さらに政府は、2023年5月に公表した「新時代のインバウンド拡大アクションプラン」において、世界のアート市場における日本の売上高シェアを現在の8位から7位に引き上げる目標を設定しました。これの達成に向け、「日本を国際的なアートの拠点として成長させるために、国際的なアートフェアへの出展支援やオークションの誘致を拡大する」としています。

アート振興は税制の変更によってもなされました。まず、2015年にアート作品の減価償却範囲がこれまでの20万円未満から100万円未満へと拡大されました。その後アート作品の相続税猶予に係る特例(2017年)、オークションやアートフェアにおける保税地域活用(2020年)など、アート購入を促進するための税制改正が連続して実施されています。

以上のように、日本政府はアート市場の拡大と国際的な

競争力の強化を目指し、様々な施策を進めています。

我が国におけるアート振興・アート市場活性化政策の経緯

年	事項
平成26年(2014)年	「現代美術の海外発信に関する検討会」開催→「論点の整理」公表
平成27年(2015)年	美術品に係る減価償却適用範囲の拡大(国税庁) ※20万円未満→100万円未満
平成26年(2017)年	「文化経済戦略」策定 平成30(2018)年度税制改正大綱において、美術品に係る相続税の納税猶予制度の創設が認められる
平成30年(2018)年	「文化庁アートプラットフォーム事業」開始
令和元年(2019)年	令和(2020)年税制改正大綱において、登録美術品制度の対象に現存作家の作品のうち一定のものを加えることが認められる
令和2年(2020)年	令和(2021)年度税制改正大綱において、相続税の納税猶予の対象となる財の類型に一定の現代美術品を追加することが認められる
令和2年(2020)年	独立行政法人国立美術館に「アート・コミュニケーション推進センター(仮称)」の設置に係る予算措置
令和2年(2020)年	保税地域の運用の弾力化①(財務省関税局) ※国際的なオークションやアートフェアの開催に際し、保税地域の活用が可能である旨を明示
令和3年(2021)年	保税地域の運用の弾力化②(財務省関税局) ※国際的なギャラリーも、保税地域の活用が可能である旨を明示

出典:文化庁 アート市場活性化ワーキンググループ報告書概要

3 日本のアート市場のポテンシャル

日本のアート市場の伸び悩みの原因

日本のアート市場のシェアが国の経済力に比べて相対的に低いことについては、美術教育、税制、情報発信など様々な原因が語られており、いずれもうなずける部分があります。
しかし、私はアート市場の構造に根本的な原因があると考えています。具体的にはアート作品の流通経路のバランスの悪さです。

先ほど世界のアート市場ではギャラリーとオークションの市場規模がほぼ半分ずつであるのに対し、日本ではギャラリーが3分の2を占め、オークションのプレゼンスが相対的に低いことを説明しました。
オークションのプレゼンスが低いことにより、市場が十分に機能しないという問題があります。

外国為替市場であれ株式市場であれ、市場の重要な役割に価格形成機能というものがあります。市場の価格形成機能とは、市場経済において商品やサービスの価格が、需要と供給の力によって自然に決定されるプロセスのこ

とを指します。この機能により、市場は商品やサービスの適正価格を効率的に見つけ出すことができます。
アート市場においてもこれはあてはまります。アート市場にはプライマリー市場とセカンダリー市場があり、価格の決定は、プライマリー市場では売り手、セカンダリー市場では市場需給によって決められると説明しました。通常であればこの2つの市場がお互い影響しあって価格が決められていきます。

しかしながら、日本の場合は、オークションのプレゼンスが低いことにより、アート作品の価格決定において市場需給が反映されにくい状況となっています。市場需給が反映されない価格決定は情報の非対称性や不透明感を生み、一般の人がアート作品を買うことから遠ざかってしまいます。
さらにセカンダリー市場が充実していないということは、買った作品を売ることが難しいということを意味します。この点も日本においてアート作品を購入するハードルを高くしている一因だと考えています。

日本のアート市場の今後

構造的問題を抱える日本のアート市場は、今後縮小していくのでしょうか。

私はそうは考えていません。むしろ日本のアート市場は大きな伸びしろがあると考えています。その理由は日本におけるオークション取引額の増加傾向と海外の大手ギャラリーからの注目度の高まりです。

artprice.com によると日本におけるオークション取引額は年間1億4,900万ドル（約209億円）です。これは米国の52億ドル、中国の49億ドルには遠く及びません。しかし、過去10年間で見ると、日本は109%増とほぼ2倍に成長しており、これは米国の30%増や中国の20%増と比べて際立っています。

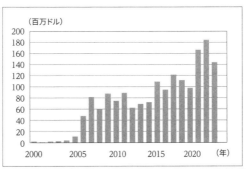

日本におけるオークション取引額推移

出典：artprice.com「The Art Market」のデータをもとに筆者が作成

先ほど日本のアート市場の伸び悩みの原因のひとつとして、オークションのプレゼンスが低いことによりセカンダリー市場が充実していないことがある、と書きましたが、その点が改善しつつあるのです。

第4章　データから見た世界と日本のアート市場

この背景にはいくつかの要因が考えられます。まずは、アート作品のコレクターの世代が代わってきていることがあります。これまでオークションと聞くと、豪華な建物のオークションハウスでお金持ちがパドルを上げて途方もない金額で作品を競る、というイメージでした。一般の人たちにはまるで別世界に感じられていたのです。しかし、Yahoo! オークション * などのインターネットオークションなどで売買した経験のある比較的若い世代にアートオークションは抵抗なく受け入れられ始めています。これらの世代は現代アートをコレクションする割合が高く、それらをアートオークションで入手する傾向にあります。

* ヤフー LINE 株式会社が運営するインターネットオークション。2023 年度通期取り扱い額は 1 兆 11 億円。

このような状況下、ここ数年海外のアート関係者からの日本への注目度は高くなっています。象徴的だったのはメガギャラリー * のひとつであるペースが 2024 年 7 月に東京の麻布台ヒルズに日本初となる店舗を構えたことです。マーク・グリムシャー CEO は日本経済新聞社の取材に「日本市場に将来性はある。ラグジュアリービジネスの有力市場だ」とコメントしています。

同様の動きはペース以外にも感じることができます。私が普段からコンタクトしている海外のギャラリーのスタッフが日本に来ることが増えてきました。また来日しないまでもメールや電話などで日本のアート業界につい

て聞かれる頻度が高まっています。

* 世界の複数の都市に拠点を持ち、アート業界に大きな影響力を持つギャラリー。ガゴシアン、ペース、ハウザー & ワース、デイヴィッド・ツヴィルナーを指すことが多い。

このように、オークション取引額の増加傾向と海外の大手ギャラリーからの注目度の高まりを背景として、日本のアート市場は今後大きな成長を遂げる可能性があると考えています。

Point

第 4 章のポイント

- 世界のアート市場における取引額は合計で約 9 兆円。シェア 1 位は米国で 2 位は中国。日本は 8 位で 1% のシェア。

- 世界のアート市場における取引額において近・現代アートの比率は約 80%、日本のアート市場におけるそれは 15%。

- 日本のアート市場はギャラリーが中心。

- わが国政府はアート振興のために様々な施策を実施している。

- 日本のアート市場のポテンシャルは高い。

第 4 章　データから見た世界と日本のアート市場

Topics

アートフェアの楽しみ方

> アート業界において重要なイベントのひとつがアートフェアです。これはギャラリーが集い、推しているアーチストや作品を紹介・展示する場、つまりアートの見本市です。ギャラリーはブースと呼ばれる展示スペースを設営し、様々なジャンルの作品を展示します。入場者はそこに展示している作品を買うことができます。
>
> アートフェアの会場にはコレクターだけではなく、美術評論家、ギャラリスト、キュレーターなどのアート関係者が集まるため情報交換の場にもなっています。

世界のアートフェア

アートフェアは年間を通して世界中のいろいろな場所で開催されています。その中でなんといっても注目度が高いものは「アート・バーゼル (Art Basel)」です。これはスイス北西部の都市バーゼルで毎年6月に開催されているアートフェアです。2024年は6月13日から16日まで開催され、40の国と地域から285のギャラリーが集まり、9万1,000人の来場者がありました。「アート・バーゼル」は本拠地バーゼルで1970年から開催されているのですが、2002年からマイアミ・ビーチ、2013年から香港、そして2022年からパリでも開催されています。

次に注目度が高いアートフェアは「フリーズ (Frieze)」です。これは2003年からロンドンで開催されており、同時に開催されている「フリーズ・マスターズ (Frieze Masters)」と合わせて6万人の入場者があります。「フリーズ」はロンドンだけではなく、ロサンゼルス、ニューヨーク、ソウルでも開催されています。

私も毎年多くのアートフェアに行っていますが、印象的だったのが2024年6月の「アート・バーゼル」で、会場に展示されていた草間彌生の高さ3.4メートル、長さ5.6メートルの巨大なかぼちゃのブロンズ作品にたくさんの人が集まり、楽しそうに記念写真を撮っていたことでした。これを見るとアート市場における草間彌生作品の人気が高いこともうなずけました。

日本のアートフェア

日本のアートフェアには、2005年から毎年開催されている「アートフェア東京」があります。2024年は3月7日から10日まで丸の内の東京国際フォーラムで156のギャラリーを集めて開催され、5万5,015人の入場者がありました。「アートフェア東京」の特徴は古美術から現代アートまで幅広く展示されていることで、公表データによると全体で32億8,000万円の売り上げがあり、この数字は毎年右肩上がりで伸びています。

日本のアートフェアでもうひとつ注目すべきは2023年にスタートした「Tokyo Gendai」です。2024年は7月4日から7日まで横浜国際平和会議場（パシフィコ横浜）で開催され、18カ国69のギャラリーが出展しました（入場者数は非公表）。ペース、ペロタンなど海外のギャラリーの参加も目立ち、歴史は浅いものの存在感を発揮しています。

アートフェアの楽しみ方

国内外のアートフェアに行く楽しみのひとつは、"旬のアート"を体感できることです。

アートフェアの会場の広さには限りがあり、そこに出展しているギャラリーが使えるスペース（ブースと呼ばれています）は大きなものではありません。したがって、彼らは今もっとも力を入れているアーチストの作品に絞って展示をしています。そのためアートフェアに行って作品を見ることは自

Topics

然と最新かつ最注目の作品に接することになります。

加えて、それぞれのブースにはギャラリーのスタッフが常駐しており、気軽に話をすることができます。そこでは、そのアーチストを推している理由や、顧客の反響などを聞くことができます。話が弾めば、展示されている作品以外のことや"業界裏話（？）"のようなことも話してくれるかもしれません。なお、スタッフと話をしたら作品を買わないといけない雰囲気になるのでは、と思う人もいるかもしれませんが、各ブースには毎日何百という数の人が訪れており、実際に作品を購入する人はごくわずかで、その点はスタッフも心得ており心配無用です。

さらに運がよければ、展示されているアーチスト本人と話をすることができます。ブースにはギャラリーのスタッフとともにアーチスト本人がいることもあります。その場合は、制作の背景などを詳しく聞くことができ、アーチストの人柄に触れることもできます。私自身もアートフェアに行ってアーチストと直接話をし、その熱意と人柄に惹かれて作品の購入を決めたことがあります。

最後に本質とは外れるかもしれませんが、アートフェアのもうひとつの楽しみ方に、その地の観光があります。例えばバーゼルはライン川沿いに位置する風光明媚な街でピカソと縁が深いすばらしい美術館や美しい大聖堂があります。金融業界に興味のある人であればご存知の中央銀行間の資金決済を行う国際決済銀行の本部もあります。

実は海外のアート関係者で日本のアートフェアに来ることを楽しみにしている人は多くいます。私の知人でも「Tokyo Gendai」の開催時期に合わせて来日し、日本の料理を楽しみ、京都や大阪を観光するという人が相当数いました。

第5章

アートのジャンル別価格特性

アート作品の価格が上がった、もしくは下がったといっても、実はジャンルによってその値動きに特徴があります。本章ではアーチストの作品の値動きの具体例を見ながら、以下のジャンルごとの価格形成について説明します。

Chapter 5

ヨーロッパの巨匠

ヨーロッパの巨匠と聞くと、レオナルド・ダ・ヴィンチ（Leonardo da Vinci 1452-1519）やミケランジェロ・ブオナローティ（Michelangelo Buonarroti 1475-1564）などのルネサンスの巨匠、もしくは『真珠の耳飾りの少女』や『デルフトの眺望』で知られるヨハネス・フェルメール（Johannes Vermeer 1632-1675）の名を思い浮かべる人も多いと思います。しかしこれらのアーチストは作品数が少なく、また価格も極端な高額*となるため、投資の観点から見ると、現実的ではありません。ここでは、実際に投資可能なアーチストの作品を中心に説明していきます。

* Topics P.24「史上最高落札価格 510 億円　ダ・ヴィンチの『サルバトール・ムンディ』」を参照。

レンブラントの場合

レンブラント・ファン・レイン（Rembrandt van Rijn 1606-1669）はオランダのアーチストで、同時代に生きたルーベンス（Peter Paul Rubens 1577-1640）やフェルメール（Johannes Vermeer 1632-1675）らとともにバロック絵画*を代表する巨匠です。劇的な明暗のコントラストが作品の特徴で、光と影の芸術家と呼ばれています。

* 16 世紀後半から 18 世紀半ばに描かれた劇的な強い明暗などに特徴づけられる絵画。

レンブラントは生涯に数百点の絵画を作成していますが、通称『夜警』や生涯を通して描き続けた自画像が有名です。彼はエッチング（銅版画）も約300点作成しており、今も世界中のオークションで頻繁に取引されています。

レンブラント・ファン・レイン　『三本の木』

レンブラントのエッチング作品の中でもっとも有名なものは『三本の木』です。これは1643年に作成された21.3cm×27.9cmのA4サイズに近い風景作品で、ここには作品のシンボルである3本の木の他に釣りをする人、馬車、そして飛び立つ鳥など驚くほどの細かい描写があります。

エッチング作品は保存状態や作品を刷ったタイミングなどで、オークションの落札価格に大きな差が出るのですが、ここでは1985年以降に落札された『三本の木』の価

格推移のイメージをグラフにしました。この章に掲載するグラフは1985年の価格を1（基準）としています。

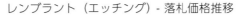
レンブラント（エッチング） - 落札価格推移

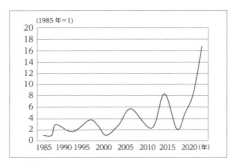

出典：世界のオークションデータをもとに筆者がイメージを作成

見るとわかるように2015年前後まではおおむね緩やかな右肩上がりのトレンドとなっています。ここ数年は上昇が加速し17倍となっています。

レンブラントのエッチング作品は、数が多いこともあり世界中のオークションで頻繁に取引されています。筆者が調べたところ、2023年の1年間で1,000件近くの出品があり、800件以上が落札されています。落札価格も日本円で10万円前後のものから1億円を超えるものまで様々です。その中でも特に多いものは数十万円の価格なのでヨーロッパの巨匠の作品の中ではコレクションしやすいと思います。

ヨーロッパの巨匠作品の価格形成の特徴

ヨーロッパの巨匠たちの作品は、数百年前に制作されたものであり、すでに評価が定まったものがほとんどです。そのため、後述する他のジャンルの作品と比べると、価格の変動は比較的緩やかです。油絵などの原画は市場に出てくることが少なく、また価格が高額であるため、一般的な投資には向きませんが、エッチングなどのプリント作品は、オークションでの取引も活発であり、資産としての保有が可能です。

Chapter 5

2　印象派

印象派は19世紀後半にパリで始まった芸術運動です。それまでのヨーロッパ絵画が主に写実的なものであったのに対し、印象派は写実から一歩離れ、自然の光と色の瞬間的な印象を捉えることに特徴があります。この芸術運動の発展にはチューブ式の絵具の発明が大きく寄与しました。これによりアーチストたちがアトリエを離れ屋外に出て、直接自然を観察しながら作品を制作をするようになったのです。

印象派の作品は特に日本で人気が高く、美術館が印象派

を特集する企画展を開催すると長蛇の列ができることがあります。また、日本のバブル期に日本の企業やコレクターがオークションでゴッホ（Vincent Willem van Gogh 1853-1890）やルノワール（Pierre-Auguste Renoir 1841-1919）の作品を高値で落札したことがニュースになっていたのを覚えている人もいるかもしれません。ここでは印象派の作品の価格推移を見てみます。

モネの場合

クロード・モネ（Claude Monet 1840-1926）は印象派を代表するフランスのアーチストです。1872年に描かれた『印象・日の出』は印象派という名前の由来となりました。当初はパリで活動していたモネは、生涯の後半はパリから北西約90キロメートルに位置するジヴェルニーで暮らしました。ジヴェルニーの彼の家は現在記念館として公開されており、内部にはモネが愛した葛飾北斎(1760-1849)や歌川広重(1797-1858)の版画が多数飾られています。また、庭には日本庭園風の池があり、そこには太鼓橋がかけられています。モネはこの地で200点以上におよぶ『睡蓮』の連作を制作しました。

クロード・モネ 『印象・日の出』

次のグラフは彼の油絵の落札価格の推移を示したものです。

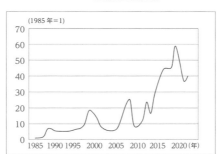

出典：世界のオークションデータをもとに筆者がイメージを作成

グラフを見ると1985年の基準値に対して、2019年には一時59倍の価格へと上昇していることがわかります。

第5章 アートのジャンル別価格特性

ルノワールの場合

ピエール＝オーギュスト・ルノワール（Pierre-Auguste Renoir 1841-1919）も印象派の代表的なアーチストのひとりで、もとは磁器の絵付職人でした。ルノワールは"絵というものは楽しくて美しいものでなければならない"という言葉を残しており、その言葉通り彼の作品は明るく華やかなものがほとんどです。

ルノワールは多作であったため、多くの油絵が残されており、それらが頻繁にオークションで取引されています。次のグラフは彼の油絵の落札価格の推移を示したものです。

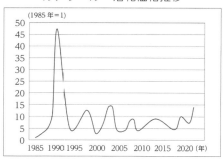

出典：世界のオークションデータをもとに筆者がイメージを作成

このグラフで特に目立つのは 1990 年前後に見られる例外的な価格上昇です。1985 年からの 5 年間で価格は 47 倍に跳ね上がりました。この背景には日本のバブル期における日本の企業やコレクターによる印象派絵画の積極

的な購入があります。印象派の作品が日本人に人気が高いことは先に書いた通りですが、当時の日本人の高揚感と印象派の明るく華やかな作風がうまく合致しており、また、多くの印象派のアーチストがジャポニズム*に傾倒していたため、その影響を受けた作品は日本人に特に受け入れやすかったと考えられます。

* 19世紀後半にヨーロッパで流行した日本趣味。日本の美術や工芸がヨーロッパの芸術に影響を与えた。

ピエール＝オーギュスト・ルノワール 『ムーラン・ド・ラ・ギャレットの舞踏会』

印象派の油絵、というと億円単位の価格を連想するかもしれませんが、ルノワールの油絵には小さなサイズのものも多く、数百万円で買えるものも少なくありません。2023年の世界のオークションにおいて1,000万円未満で落札された油絵作品は合計で15件あり、もっとも低い落札価格は1万4,500ユーロ（約240万円）でした。また、ルノワールはリトグラフやエッチングなどプリント作品も多くあり、それらは100万円未満のものも多くあります。

第5章　アートのジャンル別価格特性

印象派作品の価格形成の特徴

印象派の画家による作品は、これまで堅調な価格推移を見せています。このジャンルの作品は、特に日本人に人気があるため、日本の景気の動向に影響を受ける可能性があります。

Chapter 5

3 近代アート

近代アートの定義は人によって異なる場合がありますが、本書ではアート・バーゼルの定義に従い、基本的には1875年から1910年の間に生まれたアーチストの作品を指すこととします。このジャンルのアーチストたちは、アートの世界において写実から解放され重要な転換期となった印象派の流れを発展させ、様々な新しい芸術運動を生み出しました。

これらの芸術運動には、パブロ・ピカソ（Pablo Picasso 1881-1973）やジョルジュ・ブラック（Georges Braque 1882-1963）らのキュビスム、サルバドール・ダリ（Salvador Dalí 1904-1989）やルネ・マグリット（René Magritte 1898-1967）らのシュルレアリスムなどがあります。また、芸術運動には該当しませんが"色彩の魔術師"と呼ばれるマルク・シャガール（Marc Chagall 1887-

1985）もこのジャンルに含まれます。

ピカソの場合

パブロ・ピカソ（Pablo Picasso 1881-1973）はスペインに生まれ、その後パリを中心に活動した20世紀を代表するアーチストです。「青の時代」、「薔薇色の時代」を経てキュビスムを創始しました。ピカソは75年にわたるアーチスト生活において約1万3,500点の絵画を含む、約15万点の作品を制作しました。ピカソはもっとも多作なアーチストとしてギネスブックに登録されています。

ピカソの作品は、オークションで活発に取引されており、1億ドルを超える落札価格を記録した作品も数点あります。次のグラフは彼の油絵の落札価格の推移を示したものです。

ピカソ - 落札価格推移

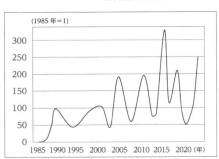

出典：世界のオークションデータをもとに筆者がイメージを作成

第5章　アートのジャンル別価格特性

グラフを見ると、何度か急激に価格が上昇していることがわかります。ピカソに限りませんが、油絵はアーチストが直接絵筆をとって描いた"一点もの"であるため、市場における流通量が少なくなります。ピカソの油絵作品がオークションに出品されることは年に１回あるかないかです。したがって、オークションの際に"どうしてもピカソの油絵を手に入れたい"という入札者が複数いた場合、価格がつり上がることがしばしば見られます。

クリスティーズにおけるピカソ作品の落札光景
提供：Getty Images
Photo by Andrew Burton/Getty Images

シャガールの場合

マルク・シャガール（Marc Chagall 1887-1985）はベラルーシ出身で、パリを中心に活動したエコール・ド・パリ *の代表的なアーチストです。絵画以外にもステンドグラスなどで才能を発揮し、ランスの大聖堂、国際連合本部ビルのステンドグラスは彼のデザインによるものです。ここでは投資の観点から、頻繁に売買されておりかつ比

* 主に1910年代から1930年代にかけてパリで活動した多国籍な芸術家たちの総称。

較的価格の低いプリント作品、その中でも人気の高い『ロメオとジュリエット』のリトグラフの価格推移をグラフにしました。

マルク・シャガール『ロメオとジュリエット』
MARC CHAGALL
Roméo et Juliette

提供：ALBUM/アフロ　　© ADAGP, Paris & JASPAR, Tokyo, 2025 X0397

シャガール - 落札価格推移

出典：世界のオークションデータをもとに筆者がイメージを作成

2015年前後に落ち込みはあるものの価格はおおむね右肩上がりです。とはいうもののピーク時でも10倍を超えることはなく、他のジャンルの作品と比べて比較的安定

第5章　アートのジャンル別価格特性

していることがわかります。

近代アート作品の価格形成の特徴

油絵など"一点もの"の原画などがオークションに出ると、価格がつり上がることがあります。これらについてはそもそも高額であることに加え、流動性が低い、つまり売りたい時に売れない可能性が高いため投資には向きません。一方で、リトグラフなどのプリント作品は比較的価格が安定しています。

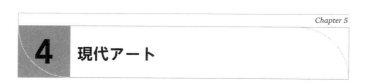

4 現代アート

現代アートは従来のアートの概念にとらわれず、多様な方法で作品が作られています。絵画、彫刻、インスタレーション[*1]、ビデオアート、パフォーマンスアートなど、多岐にわたるメディアや技法を用いています。アーチストは従来の技術に新しい技術を組み合わせたり、まったく新しいアプローチを試みたりすることがあります。現代アートは世界のアート市場においてその約6割[*2]を占める人気のジャンルです。

本書ではアート・バーゼルの定義における「戦後アート」と「コンテンポラリーアート」を合わせたジャンル、つ

まり1910年以降に生まれたアーチストの作品を現代アートとして扱います。

*1　20世紀後半以降に広まった表現手法のひとつ。空間にオブジェを配置し、場所や空間そのものを作品とするもの。

*2　第4章 データから見た世界と日本のアート市場 参照

バスキアの場合

ジャン＝ミシェル・バスキア（Jean-Michel Basquiat 1960-1988）はニューヨーク出身のアーチストで28年という短い生涯の間に約3,000点の作品を描いたといわれています。日本では実業家の前澤友作氏が2017年にオークションで9,800万ドル（約109億円）で作品を落札した*ことで知られている方も多いでしょう。

* 手数料を合わせると123億円。

18歳のころにはニューヨークのビルにスプレーで描くストリートアーチストだったバスキアは20歳を過ぎたころから雑誌などに取り上げられるようになり、グループ展に参加するようになりました。そのころ、ガゴシアン・ギャラリーの創業者であるラリー・ガゴシアンが彼の才能を見出し、自宅にアトリエを用意してバスキアを住まわせ、数多くの個展を企画するなど積極的なサポートを行いました。

バスキアと交友があった著名人にはマドンナやアンディ・

ウォーホルがおり、バスキア作品のコレクターには、デヴィッド・ボウイ、レオナルド・ディカプリオらの名前が挙げられます。

バスキアの作品は1984年に1,800ドルで落札された後の数年間は3万ドル前後での取引が続いていました。1988年に初めて10万ドルで落札されてから作品の価格は急上昇しており、2017年には前述の通り9,800万ドルの値がつきました。1980年代半ばに3万ドルで作品を購入していれば、最大で3,000倍以上に値上がりしたことになります。

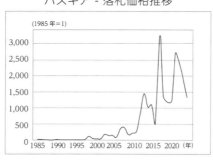

出典：世界のオークションデータをもとに筆者がイメージを作成

これは才能あるアーチストが、ギャラリーに見出されサポートを受けて名声を高め、その作品の価格が上昇していった典型的な例です。

ガゴシアンはバスキアの作品を取り扱ったことが契機となり、一流ギャラリーへと成長しました。その後ロイ・リキテンスタイン（Roy Lichtenstein 1923-1997）やジェフ・クーンズ（Jeff Koons 1955-）の作品を取り扱うことで、いわゆるメガギャラリーへと発展しています。

日本を代表する現代アーチストの村上隆（1962-）も2007年ごろからガゴシアンとの関係を強化し、その後2010年以降は毎年のようにニューヨーク、ロンドン、パリなどの世界中のガゴシアンの拠点で個展を開催しています。

ゲルハルト・リヒターの場合

ゲルハルト・リヒター（Gerhard Richter 1932-）はドイツ出身のアーチストで抽象画を中心に活動しています。彼の個展はニューヨークのメトロポリタン美術館やパリのポンピドゥー・センターなど、世界中の著名な美術館で開催されています。リヒターは「ドイツ最高峰の画家」とも称され、現役のアーチストの中でオークション市場における取引額が特に高いです。

現役アーチスト オークション取引額 トップ5（2023年）

1	ゲルハルト・リヒター	2億1,440万8,670ドル
2	草間彌生	1億8,971万3,150ドル
3	エド・ルシェ	1億1,433万5,130ドル
4	デヴィッド・ホックニー	9,926万5,740ドル
5	奈良美智	8,779万5,160ドル

出典：世界のオークションデータをもとに筆者が作成

リヒターも飛躍のきっかけはギャラリーとの出会いでした。彼は1984年に伝説のギャラリスト*と呼ばれるマリアン・グッドマンに見出され、その後約40年間良好な関係が続きました。グッドマンは取り扱うアーチストに対し、20年以上の長期的なサポートを提供することを信条としていますが、リヒターとの関係はその成功例です。

*ギャラリー経営者

『ビルケナウ』とゲルハルト・リヒター
提供：Getty images

Exhibition 'Gerhard Richter. Birkenau'
Photo by Uli Deck/picture alliance via Getty Images

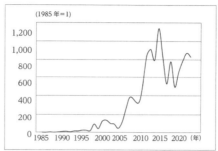

出典：世界のオークションデータをもとに筆者がイメージを作成

リヒターの作品は1980年代半ばまで数万ドルで取引されていましたが、1985年に初めてマリアン・グッドマンのギャラリーで個展を開催してから価格が上昇し始め、1987年に初めて10万ドルを突破、その後1998年に100万ドル、2007年に1,000万ドルを超えた価格で取引されるようになり、ほぼ10年ごとに10倍になるという推移をたどっています。そして2015年には4,000万ドル、つまり1985年の価格と比べて1,000倍を超える価格で落札されました。

現代アート作品の価格形成の特徴

バスキアやリヒターの例を見てもわかるように、現代アートのアーチストがギャラリーと関係を築いた後、作品の価格が高まるケースが数多く存在します。一般的に、アーチストは作品を制作し、ギャラリーはそれを市場に

第5章　アートのジャンル別価格特性

売り出す役割を担います。ギャラリーはアーチストのために個展を開催したり、顧客への営業活動を行うなど、アーチストのキャリアを支援します。これらの関係は、バスキアとガゴシアンのように、アーチストの生活や創作活動に対する包括的なサポートにまで及ぶこともあります。

したがって、現代アートの分野ではアーチストがギャラリーに認められ、所属アーチストとなることは作品価格が上がることにつながります。ギャラリーが多くの顧客を有していたり、世界的なアートフェアに参加していたりする場合、作品は多くのコレクターに見てもらうことにつながるため、比較的短期間で価格が上昇することがあります。

一方で、ギャラリーと関係を持たず、個人で創作と販売活動を行うアーチストは、ネットワークや資金の面で制約があり、才能があったとしてもその作品の価格を上げていくには不利であるといわざるを得ません。

ただ、ギャラリーのサポートを受けた現代アートのアーチストの作品価格は急上昇することもあれば、急落することもあります。特に現役のアーチストの作品は、アーチスト自身がキャリア形成の途中であり、一般の評価がまだ定まっていないため、作品数が少ないとブームによる価格のバブル化や、その後の価格急落といった現象が発生しやすくなります。この価格のボラティリティ（変

動率）の高さは、現代アート作品の特徴であるといえるでしょう。

5 日本のアート

Chapter 5

日本のアート市場については第4章で述べた通り、ギャラリーでの流通が主で、いわゆる洋画、日本画の存在感が大きく、現代アートのシェアが比較的小さいことが特徴です。

洋画も日本画も基本的には日本人が描いた絵です。この呼び方が使われるようになったのは明治時代です。この時代は鎖国が解かれ外国との交流が活発化した時期ですが、画家の中にもヨーロッパに渡って研鑽を積んだり西洋の画材や技術を取り入れたりして作品を作る人が出てきました。そのような画家が作成した油絵、水彩画などを洋画と呼んでいます。梅原龍三郎（1888-1986）、東郷青児（1897-1978）らが洋画家と呼ばれています。

日本画は、それまで日本で描かれてきた大和絵などの伝統的な様式を取り入れた絵画と説明されることがありますが、洋画という言葉ができてからその対として使われるようになった呼び方です。岩絵具*、墨、和紙を使っていれば日本画だとする考え方もあります。横山大観（1868-1958）、平山郁夫（1930-2009）らが著名な日本画

第5章　アートのジャンル別価格特性

家として挙げられます。

* 鉱石を砕いて作られた絵具。着色ガラスを使用することもある。

梅原龍三郎の場合

梅原龍三郎（1888-1986）は京都出身の洋画家で、20歳の時にフランスに渡り印象派のルノワールに師事しました。帰国後、大正から昭和にかけての日本画壇の中心人物として活躍し、1952年には文化勲章を受章しています。豊かな色彩感覚で知られ、静物画や裸婦画を描き、日本独自の油絵スタイルを確立しました。

以下に示すのは、梅原龍三郎の油絵、中でも人気のある薔薇の花などの静物画の落札価格の推移です。

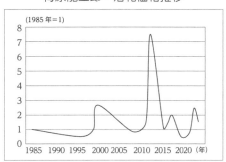

出典：世界のオークションデータをもとに筆者がイメージを作成

2012年に例外的に高値で落札された作品がありました

が、その他の作品はおおむね3倍以下で取引されています。特に注目すべき点は、ほとんどの取引が日本国内で行われていることです。本章で使用しているグラフはすべてオークションでの取引に基づいていますが、洋画や日本画などの日本の画家の作品は、海外のオークションハウスで取引されることは少ないため、日本特有の市場が形成されています。

第4章で説明したように、日本のアート市場はギャラリーでの取引が全体の約3分の2を占めており、これらについては販売者が価格を決めるため、価格が比較的安定しています。この傾向はオークションの取引価格にも影響を与えています。
私は梅原龍三郎の油絵には日本の伝統的な美意識と印象派の技法が融合し、見事に昇華された作品が多いと感じており、市場でもっと高く評価されてもよいと思っています。もし、彼が長くフランスにとどまっていれば、同世代でパリで活躍した藤田嗣治（1886-1968）のような世界的な画家になっていたかもしれません。

横山大観の場合

横山大観（1868-1958）は茨城県水戸市出身の日本画家で、東京美術学校＊の第1期生として岡倉天心（1863-1913）らに学びました。線描を抑え輪郭をぼかして描く

独特の画法である「朦朧体」を確立しました。第1回文化勲章受章者のひとりです。

* 1887年に設立された美術専門学校。東京芸術大学美術学部・大学院美術研究科の前身。

横山大観は生涯に約1,500点の富士山を描いたといわれており、"富士山の画家"とも呼ばれています。次のグラフは彼の作品において、富士山が描かれているもので長辺が50cmから70cm前後、つまり絵画のサイズでいうと10号から20号のサイズのものの価格推移です。ここではオークションのデータが2000年より前のものは十分にないため、2000年を基準としています。

切手になった横山大観
『霊峰飛鶴』

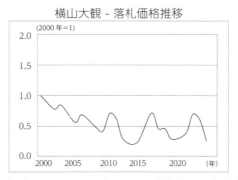

出典：世界のオークションデータをもとに筆者がイメージを作成

ご覧の通り、作品の価格は、2000年から2013年前後まで右肩下がりで、その後下げ渋っていますが、依然として2000年の2分の1の水準を前後しています。これまで説明してきた印象派や現代アートなどのジャンルの作品が何十倍、何百倍、場合によっては何千倍というレベルで作品価格が上昇していたのと比べ、大きな対照をなしています。

参考までに同じ横山大観の掛軸作品の価格推移もグラフにしてみました。こちらはここ数年、2分1どころか5分の1から10分の1の価格で取引されています。どうして日本画だけこのようなことが起こっているのでしょうか。

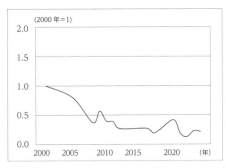

横山大観（掛軸）- 落札価格推移

出典：世界のオークションデータをもとに筆者がイメージを作成

原因は需給の悪化にあります。「第3章 アート市場とオークションのしくみ」で説明しましたが、オークションなどのセカンダリー市場では需給によって価格が決め

第5章 アートのジャンル別価格特性

られます。日本画は買う人に比べて売る人が多いため、価格が下がっているのです。その主な原因は3点あります。

第1の原因は、日本の景気の低迷です。日本画の市場はそのほとんどが日本人のみによって取引されています。したがって、日本の景気が悪くなると取引が委縮します。これはバブル崩壊以降の"失われた30年"において、日本の株式相場が欧米のそれと比べて動きが鈍かったことと同じです。

第2の原因は、コレクターの高齢化です。日本画は高年齢層に人気があるジャンルですが、昨今の終活ブームなどからコレクションが手放される傾向にあります。一方で若年層コレクターは現代アートを好む傾向にあるため、日本画の市場では売り手は増える一方で買い手は少なくなるという状況となっています。

第3の原因は、日本の家屋の様式の変化です。かつては和室を有する戸建ての家が多かったのですが、今はそれが減少傾向にあります。この結果、日本画を飾るスペースが減り、全体として日本画のニーズが低下しています。また、日本の家から床の間が減っていることは掛軸の大幅な値下がりの原因となっています。

日本のアート作品の価格形成の特徴

洋画や日本画などの日本のアート作品は、他のジャンル

の作品に比べて、低いパフォーマンスとなっています。特に日本画については、コレクターの高齢化や住宅スタイルの変化を背景とする需給要因により値下がり傾向が続いています。

6　NFTアート

Chapter 5

NFTアートはデジタル技術を使ったアートの形態のひとつです。この技術の基盤となっているのがブロックチェーンです。ブロックチェーンは「取引履歴を暗号技術によって過去から1本の鎖のようにつなげ、正確な取引履歴を維持しようとする技術*」とされます。ブロックチェーンは暗号資産（仮想通貨）であるビットコインを実現するための技術として開発されました。NFTとは、「Non-Fungible Token」の略で、日本語で「非代替性トークン」と訳されます。こう書くと難解に聞こえますが、NFTアートとはインターネット上で取引できるデジタルアートだと理解しておけばいいでしょう。

* 一般社団法人全国銀行協会のウェブサイト「ブロックチェーンって何?」より。

NFTアートは2014年ごろから制作されており、様々なマーケットプレイス*で取引されています。ターニング

ポイントとなったのは2021年に大手オークションハウスのサザビーズとクリスティーズがNFTの取り扱いを始めたことでした。この時、ビープル（Beeple 1981-）の作品『Everydays: The first 5000 Days』がクリスティーズで6,930万ドル（約75億円）で落札され大きなニュースとなりました。

* インターネット上で売り手と買い手を結びつける取引市場。

LARVA LABS『クリプトパンクス』の場合

LARVA LABSはNFTアートのプロジェクトを手掛ける会社で、その代表的な作品に『クリプトパンクス（CryptoPunks）』があります。これは一辺が24ピクセル*の正方形で作られるNFTアートで、男性や女性、そしてエイリアンなどのキャラクターがあり、計1万点がインターネット上で作られています。

* デジタル画像を構成するドットの単位。

『クリプトパンクス』
提供：Getty images

NFT And Cryptocurrencies Photo Illustrations
Photo by Jakub Porzycki/NurPhoto via Getty Images

次のグラフは大手オークションハウスで取引された『クリプトパンクス』の落札価格推移です。最初に取引があったのが2021年なので、それ以降のデータとなっています。

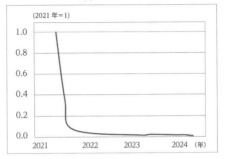

出典：世界のオークションデータをもとに筆者がイメージを作成

『クリプトパンクス』は、2021年にサザビーズがNFTアートのオークションを始めた時に1,000万ドル（約11億円）で落札されました。しかし、その後価格は急落し2024年には10万ドルを下回る価格で取引されています。実に100分の1以下の価格となったわけです。

NFTアート作品の価格形成の特徴

NFTアートについては、2021年に大きなブームとなったものの、その後は急速に人気を失いました。先に述べたビープルの別の作品もオークションで何度か出品され

第5章　アートのジャンル別価格特性

ましたが、2022年以降は100万ドル以上での落札はありません。
NFTアートを保有するには、ブロックチェーンの知識が必要となるため、一般のアートコレクターにはハードルが高く、ブームが過ぎ去ると同時に価格の急落を招いたと考えられます。

NFTアートおよびブロックチェーンの技術には、真贋証明や、作品の二次流通においてアーチストに収益が還元されるしくみなど、革新的な機能があります。将来的にはこれらの機能が注目されNFTアートが再び脚光を浴びる可能性がありますが、現時点の投資という観点ではしばらく様子を見たいところです。

Point

第 5 章のポイント

- アート作品の価格変動はジャンルによって異なる。

- ヨーロッパの巨匠の作品は急激ではないが安定した上昇傾向となっている。ただし、作品数が少ないアーチストの場合、記録的な価格がつくことがある。

- 印象派の作品は日本の景気に左右されることが多い。

- 近代アートのプリント作品は流通量が多いため安定した値動き。

- 現代アートの作品は100倍、1,000倍などの極端に値上がりするものもあるが、急落のリスクもありボラティリティが高い。

- 日本のアート作品は、下落傾向となっているものが多い。特に掛軸については下げスピードが速くなっている。

- NFT アートは革新的な機能を備えてはいるものの、現時点では投資には向かない。

Topics

プリント作品の技法

版画と聞くと私たち日本人にとっては、小学校の図工の時間で体験した木版画をイメージする人もいるかもしれません。しかし、アートの世界では印刷された作品全般を意味します。英語では Print-Multiple、もしくは単に Print と表現されています。本書でも英語の表記にならいこれらをプリント作品と表現します。アートの世界には多様なプリント技法が存在し、表記の仕方も統一されているとはいえないため混乱することもあります。ここではプリント作品の技法や代表的なアーチスト、そして印刷数（エディション）について説明します。

プリント作品の歴史をさかのぼると、最初に出てくるのは木版画です。世界最古の木版画は 9 世紀後半に制作された中国の敦煌の金剛般若経の扉絵といわれています。ヨーロッパでは 15 世紀中ごろ、グーテンベルクの活版印刷発明により、木版画が挿絵用として普及しました。日本では江戸時代後期に多く制作され、大波の絵で有名な葛飾北斎 (1760-1849) の『富嶽三十六景 神奈川沖浪裏』が現在もアート市場で人気を博しています。

木版画に少し遅れて 1500 年ごろからヨーロッパで普及したのが銅版画です。銅版画には銅板にニードルなどで溝を作りそこにインクを染み込ませて転写するドライポイントや、腐食液で金属が解ける性質を利用したエッチングなどがあります。エッチングはデューラー (1471-1528) やレンブラント (1606-1669) が得意とする技法でした。

1798 年に発明されたリトグラフは、平らな石板にインクで絵を描き、化

学反応を利用して印刷する技法で<u>石版画</u>と呼ばれることもあります。リトグラフの技法では複数の石板を使用して、各色を別々に印刷することで、複雑で美しい色彩を表現できます。ロートレック (1864-1901) やミュシャ (1860-1939) がこの技法を用いた作品で知られています。

19世紀の中ごろには、<u>オフセット</u>と呼ばれる技法が発達しました。これは、凹凸のない平板に一度つけたインクをブランケット胴に転写（オフ）、さらにそのインクを紙に印刷（セット）する印刷方法です。写真や細かいグラデーションを表現するのに適しています。チラシやパンフレットによく使われていますが、アートの世界ではアーチストがオフセットの効果を制作意図に反映させることで、ひとつの技法として確立されています。オフセットを導入しているアーチストには村上隆 (1962-)、ダミアン・ハースト (1965-) らがいます。

20世紀に入って孔版画の一種である<u>シルクスクリーン</u>が広く普及しました。これは枠に張った布（スクリーン）の織り目からインクを押し出すことで絵柄を刷る技法です。かつては布に絹が使われていたことからシルクスクリーンの名がつけられていますが、現在はポリエステルなどが使われています。シルクスクリーンは<u>スクリーン・プリント</u>、<u>セリグラフ</u>などと呼ばれることもあります。シルクスクリーンはインクののりがよいため、紙だけではなく陶磁器やガラスにも鮮明な色で印刷できるのが特徴です。シルクスクリーンを芸術として普及させたのはなんといってもアンディ・ウォーホル (1928-1987) です。彼はポップ・アートの旗手と呼ばれ、キャンベル・スープ缶やマリリン・モンロー、ミック・ジャガーなどの肖像画をシルクスクリーンで大量に制作しました。

プリント作品について、「リトグラフとシルクスクリーンでどちらが高価な

Topics

作品か？」などと聞かれることもありますが、一概にはいえません。プリント作品の技法にはここに書いたようにそれぞれ特徴があり、アーチストはそれらの特徴を生かして目指す表現の作品を制作しています。

エディションについて

プリント作品については、技法とともに知っておきたい言葉にエディションがあります。プリント作品は原理的に何枚でも複製できますが、作品の価値を保つため市場に出回る数（エディション）を限定することがあります。例えば、プリント作品を 100 部だけ刷る場合には、「エディション 100」といい、作品説明に Ed. 100 と記載されます。エディションがあるプリント作品には多くの場合、作品に分数の形で記載されます。例えば 15/100 と記載された場合は、このプリント作品は 100 部刷られており、その中で 15 番目のものであることを意味しています。

エディション (Ed.) 以外の表記に、A.P.（Artist's Proof）、E.A.(Epreuve d'Artiste)、H.C.(Hors Commerce)、T.P.(Trial Proof) などがあります。A.P.（Artist's Proof）と E.A.(Epreuve d'Artiste) は、それぞれ英語とフランス語でアーチスト保存版を意味し、もともとはアーチストが資料として保存するために刷っています。H.C.(Hors Commerce) は作品が販売される時の見本用に刷ったものです。T.P.(Trial Proof) は文字通り試し刷りを行ったものです。これらの表記があるものは、エディションとは別に刷られていますが、通常は合計でエディション数の 10 〜 15% ほどといわれています。

エディション番号はほとんどの場合、作品の余白などに鉛筆で記入されます。これはボールペン、万年筆などのインクと比べて、炭素が光に対して強く、色褪せしにくいという特徴があるからです。

なお、プリント作品にエディションやサインがないからといってそれがアート作品としての価値がないかというとそういうわけではありません。プリント作品にこれらをつけるようになったのは20世紀後半からで、それ以前の作品についてはむしろ記載がないのが一般的です。

プリント作品は、同一のものが複数存在するため、一点ものである油絵などと比べて低価格で入手できるというメリットがあります。また、有名アーチストの作品はオークションなどの二次市場で頻繁に取引されているので、売却が比較的容易です。アート投資を始めるにあたり、プリント作品から始めてみるのも有効な手段です。

第 6 章

アート作品の入手方法

この章ではアート作品を入手するための主要な方法について詳しく説明します。作品の入手方法は大きく分けて次の3つです。

1. ギャラリーでの購入
2. オークションでの落札
3. アーチストからの直接購入

Chapter 6

1 ギャラリーでの購入

第3章で説明した通り、アート市場には、プライマリー市場とセカンダリー市場の2つが存在します。アート・バーゼルの調査によると、世界のギャラリーはプライマリー作品のみを扱う割合が47%、セカンダリー作品のみが12%、そして両方を扱う割合が41%です。

プライマリー作品の購入

現役アーチストの新作を手に入れたい場合、プライマリー作品を扱うギャラリーを訪れることになります。これらのギャラリーは取り扱うアーチストのブランディングやプロモーションを行い、作品の価値向上を目指しています。ギャラリーはアーチストの代理人ともいえる存在で、スタッフとの会話を通じてアーチストや作品への理解を深めることができるでしょう。ギャラリーが開催する展覧会などでアーチストと直接対話する機会もあります。

投資の観点からは、マーケティング力の高いギャラリーからアーチストの作品を購入することが望ましいです。ギャラリーとアーチストの関係は芸能事務所とタレント

の関係に似ているといわれることがありますが、営業力のある芸能事務所に所属しているタレントが成功しやすいことと同様に、ギャラリーのマーケティング力はアーチストの市場での成功につながります。

マーケティング力のあるギャラリーを評価する際のキーワードは「海外展開」と「アートフェア」です。
第4章で触れたように、世界のアート市場における日本のシェアは1%に過ぎません。国内市場だけを対象にしているギャラリーと国際市場を視野に入れているギャラリーとではマーケティング力に大きな差が出ます。
アートフェアへの出展もギャラリーのマーケティング力を測る判断材料になります。アートフェアはアート・バーゼル、フリーズなどの主要どころの他、世界中で様々なものがあります。主要なアートフェアには世界中のコレクターやアート関係者が集まり、そこで認められた作品は価値が高まります。主要なアートフェアに出展しているギャラリーはマーケティング力が高いと判断できます。
なお、プライマリー作品の購入場所を日本国内のギャラリーに限定する必要はありません。海外のギャラリーも対象にすると選択肢が広がります。

第6章　アート作品の入手方法

セカンダリー作品の購入

ギャラリーは、アーチストの新作とは別に転売された作品、つまりセカンダリー作品を購入できるところもあります。これらのギャラリーは、顧客からの買い取り、交換会＊、オークションなどを通して作品を仕入れています。

＊ 古物行商許可証を持つアート関係業者のみが参加できるオークション。

セカンダリー作品の販売は、百貨店などでも行われていることがありますが、多くの場合はギャラリーが百貨店に出店している、もしくは百貨店が直接ギャラリー業務を行っています。
セカンダリー作品をギャラリーで購入するメリットとしては、そこの専門知識を持つスタッフからアーチストや作品についての説明を受けることができるという点にあります。また、なじみのギャラリーができると、長期にわたってコレクションに関する相談にのってもらえる可能性があります。

なお、プライマリー作品でもセカンダリー作品でも、ギャラリーから作品を購入した際には、購入証明書が発行されます。これは将来的に作品を売却する際の真贋証明などのために必要となるため、大切に保管しておいてください。

オンラインギャラリーでの購入

オンラインギャラリーはアート作品のECサイトなどと呼ばれることもありますが、インターネットで「オンライン　ギャラリー」と検索すると、多種多様なサイトがあることがわかります。
これらのサイトの運営主体は、アート作品のオンライン販売に特化した企業だけではなく、ギャラリー、出版社、もしくはアーチスト本人などです。提供される作品はプライマリーからセカンダリーまで、ありとあらゆるジャンルが含まれ、価格も数千円から数千万円までと幅広く設定されています。

オンラインギャラリーのメリットは多くあります。
まずは多くの作品を見ることができる点が挙げられます。実際にギャラリーを訪問するとなると、1日に訪問できる数は限られていますが、オンラインギャラリーだと家に居ながらにして膨大な数の作品を見ることができます。
次に情報量が豊富です。オンラインギャラリーのサイトでは個々の作品について、サイズ、技法、制作年、そしてアーチストのプロフィールなどが記載されています。またサイトによってはアートに関するコラムやアートフェア訪問のレポートなどもあり、様々な知識を身につけることができます。

次に、これが最大のメリットかもしれませんが、価格がわかります。実際にギャラリーに行った場合、作品に値札がついていないこともあり、その都度値段を聞くのも気が引けます。価格交渉となるとさらにハードルが上がります。オンラインギャラリーであれば多くの場合で価格が表示されているので、安心感があります。オンラインギャラリーのサイトで多くの作品の価格を見ていると、それが著名アーチストであればある程度のレベル感、つまりこのアーチストのこのサイズのシルクスクリーン作品であれば、20万円くらい、などという感覚がついてきます。このレベル感はアート投資において有効に働きます。

一方で、オンラインギャラリーにはいくつか注意すべき点もあります。
第一に、販売されている作品が玉石混交であるということです。オンラインギャラリーは店舗を構えるギャラリーとは異なりインターネット上で比較的容易に開設することができます。したがって、作品の管理や決済に不安のあるサイトもあるかもしれません。場合によってはアーチストに許可を得ていないコピー作品が販売されている可能性もあります。したがって、オンラインギャラリーで作品を購入する場合は、サイト運営者の信用力や評判などを十分調査する必要があります。
第二に注意すべきは色味やサイズなどです。色味につい

ては、オンラインギャラリーに掲載されている作品の画像は見栄えをよくするために、明るさや色の鮮やかさが強調されていることがあります。私もインターネットの画像を見て作品を購入したことが何度かありますが、実際に送られてきた作品を見て、がっかりしたことがあります。またサイズについてはインターネット上では大きな作品も小さな作品も同じサイズで表示されていることが多いので、購入前に確認する必要があります。

オンラインギャラリーはとても便利ですが、その分いざ購入するという段階では、時間と手間をかけて、細かな部分を慎重にチェックした方がよいでしょう。ほとんどのオンラインギャラリーはメールなどでの質問を受け付けているので、疑問があればいろいろ質問してみるのがよいと思います。

Chapter 6

2　オークションでの落札

第3章で、オークションのしくみついて述べました。ここではオークションを通して作品を入手する方法、およびそのメリットと注意点について、コレクター目線で説明します。

オークションでの作品入札・落札

オークションに参加するには、オークションハウスに会員登録する必要があります。登録はオークションハウスのウェブサイトからできます。必要なものはメールアドレス、免許証などの本人確認書類で、申し込みから通常数日から1週間前後で登録が完了します。

オークション開催の数週間前には出品作品のカタログがオンラインで公開されます。カタログにはオークションに出品されるすべての作品について、エスティメーション（予想落札価格）を含む情報が記載されています。カタログは冊子形式でも作成されており、会員登録している希望者はそれを入手することができます。コレクターはカタログを見て入札する作品の候補を選びます。

オークション開催直前の数日間で、オークションハウスは下見会を開催します。下見会で出品作品を直接見たり、オークションハウスの専門スタッフに相談したりして、最終的に入札する作品を決めます。

オークション当日の参加方法には、直接会場に足を運ぶ、電話で入札する、ウェブサイトを通じてオンラインで入札するなどの方法があります。時間が取れない場合は、上限価格を事前にオークションハウスに通知する入札方法＊もあります。

＊ 書面入札と呼ばれている。紙に書いて通知する方法とウェブサイトで登録する方法がある。

これらの手続きを経て落札した作品については、支払いを済ませた後、配送を依頼するか直接オークションハウスに取りに行きます。

次に、オークションにおける作品入手のメリットと注意点について詳しく説明します。

オークションのメリット

アート作品に投資するにあたり、オークションの第一のメリットは価格です。ここでいう価格には2つの意味があります。それは価格の透明性と価格の情報性です。

価格の透明性は、購入者にとって価格の構成要素が明確で、取引条件が明示されており、誰もがそれらの情報にアクセスできることが要件となります。
アートオークションでは、価格の透明性が特に重視されます。価格の構成要素として、作品の購入者（落札者）はハンマープライス＊に加えて手数料を支払います。この手数料率やその他の取引条件は、オークション前に書面で明示され、誰でもウェブサイトで確認できます。さらに、多くのオークションハウスでは、オークションの進行をリアルタイムでオンライン中継し、取引の透明性を高めています。

＊ オークションにおける手数料を含まない落札価格。落札価格決定の時にオークショニアがハンマーを打つことからこの呼び名がついている。

価格の情報性とは、聞きなれない言葉だと思いますが、言い換えると、オークションで取引される価格そのものが、情報として価値があるということです。オークションハウスはオークションに先立って個々の出品作品にエスティメーションを設定し、カタログで公開します。エスティメーションは例えば15万～20万円というように下限と上限を表示します。これは市場状況や作品の状態などを踏まえたオークションハウスの専門家による評価に基づいています。

オークション当日、ある作品がエスティメーションの上限を超えて落札される場合、その作品は市場で高い人気を集めていることを意味します。例えば、シャガールのプリント作品が複数のオークションハウスでエスティメーションの上限を超えて落札されている場合、その種の作品は値上がり傾向にあると見ることができます。逆に、頻繁に不落札となるアーチストの作品は、価格が下落していると見なします。このように、オークションにおける落札価格は、将来の価格動向を予想する判断材料となるのです。

オークションの第二のメリットは下見会です。第3章で下見会は「作品に値段がついている入場無料の美術館」であると説明しましたが、投資の観点からは美術館以上のメリットがあります。オークションハウスのスタッフはジャンルごとに担当が分かれており、作品にエスティ

メーションをつける際に、市場の状況を徹底的に分析しています。これにより、スタッフは作品の価格動向に関する深い知識を持っているといえます。

美術館で学芸員＊に「アンディ・ウォーホルのシルクスクリーン作品の価格は最近どうですか」と聞いても怪訝な顔をされるかもしれません。一方でオークションハウスの下見会で同じ質問をすれば、喜んで答えが返ってくるはずです。下見会でのスタッフとの会話は、作品を入札するかどうか、そしてどの価格で入札すべきかの重要な指針となります。

＊ 博物館法で博物館・美術館などに配置するように定められた専門職員。

オークションの注意点

作品の入手においてメリットの多いオークションですが注意すべき点もいくつかあります。

第一は予算設定です。オークションに参加するには、直接会場に行って入札、もしくはインターネット中継を見ながらオンライン入札するなどの方法がありますが、作品によっては数秒ごとに値がどんどん上がっていき、ついつい高値で入札してしまい、想定していた金額を大幅に超える価格で落札してしまう可能性があります。このような事態を避けるためには、オークションに参加する

にあたり、事前に作品ごと、もしくは一回のオークションの予算の上限を決めておくことが重要です。

個別作品の予算設定の具体例としては、どうしても欲しい作品であればエスティメーション上限の2倍まで、安く買えるのであれば欲しいという作品であればエスティメーション下限と上限の平均額まで、というような予算設定です。予算を超えて価格が上昇してくればそれ以上の入札は控えることが賢明です。

第二の注意点は手数料です。オークションは下見会や入札には手数料はかかりませんが、作品を落札すると、通常は落札価格の15～25%の手数料（および手数料に対する消費税）がかかります。この手数料はオークションハウスによって異なります。例えば落札価格の20%を手数料として徴収するオークションハウスの場合、10万円で作品を落札すると、手数料2万円に加え消費税2,000円が加わり、合計で12万2,000円が支払い額となります*。したがって、作品の入手にあたりギャラリーなど他の手段と比較する場合は、手数料などを考慮したうえで判断する必要があります。

* 作品を配送する場合は別途配送料がかかる。また、海外のオークションハウスで落札した場合、輸入税などの税金が追加される。

第三の注意点は、信用力です。アート作品をオークションで入手する場合は、社歴、規模、運営会社などを確認

することが大切です。特に実際にオークション会場を持たないオンラインオークションについては、運営会社、およびその評判などをより慎重にチェックしてください。

3 アーチストから直接購入

Chapter 6

最後に作品の入手方法として、アーチストから直接購入する方法があります。しかし、投資の観点からはお勧めできない理由がいくつかあります。

ギャラリーやオークションを介さず、アーチストから直接購入する場合、中間マージンや手数料が発生しないため、より安く作品を入手できるように思うかもしれません。しかし、アーチストは販売価格を決めるにあたり、市場価値を考慮に入れず制作にかかった時間や思い入れを反映させる可能性があります。特に、ギャラリーに所属していないアーチストやオークションでの実績がないアーチストの場合、その価格設定は市場と乖離している、つまり割高であることが少なくありません。

作品を投資目的で保有するのであれば、将来的にはその作品を売却する必要があります。ギャラリーであれば売

却のサポートや買い取りを行ってくれる可能性もありますが、アーチスト個人にはセカンダリー市場での販売ノウハウはありません。オークションで落札した作品であれば、売却のためにまたオークションに出品することはできますが、セカンダリー市場での流通実績のないアーチストの作品はオークションハウスも扱いません。

将来そのアーチストの人気が急上昇し、オークションで高値がつくのを待てばいいと思うかもしれません。しかし、アーチスト個人のプロモーション力には限界があります。プロモーション力のあるギャラリーが取り扱うアーチストの方が、成功する確率が高まります。
また、アーチスト個人との取引では契約や税務上の問題が生じる可能性もあります。正式な書類のやり取りがなければ、将来的にトラブルが発生するリスクも考慮する必要があります。

何らかの機会からアーチストを直接知ることとなり、アーチストから直接に制作意図を聞いたり、技法について説明を受けたりすると、作品に対する理解と愛着が深まります。そして、その作品を気に入ったり、アーチスト本人を応援する目的で作品を購入したりすることは、コレクションの楽しみ方のひとつなので、そのことを否定するつもりはありません。
しかし、投資として値上がりを期待して作品を保有する

のであれば、先に書いた様々な注意点を十分に検討したうえで購入を判断することが重要です。

Point

第 6 章のポイント

- ギャラリーから作品を購入する場合は、マーケティング力の高いところから購入することが望ましい。

- オークションでの購入は価格において透明性と情報性のメリットがある。

- アーチストからの直接購入は投資の観点からは慎重を要する。

第7章

アート投資の基本から応用

この章では、アート投資を始めるにあたっての基本的な考え方と、異なる投資手法について説明します。アート市場は株やFX市場と比較して流動性が低いため、通常は5年、理想的には10年単位での長期投資を前提として考える必要があります。

1 投資に適した作品の価格帯

アート作品の価格は数万円から数百億円まで、極めて幅広く、その選択は投資戦略に大きく影響します。アート投資を始めるにあたって、どのくらいの価格帯の作品を購入するのがよいのでしょうか？
投資の観点から見ると、15 万円から 150 万円の作品が取り組みやすいと考えています。理由は流動性、つまり市場における買いやすさと売りやすさです。

文化庁が公表した日本のアート市場の規模などに関する調査分析レポート「The Japanese Art Market 2024」によると、アートオークションにおける落札作品のうち、1,000 ドルから 1 万ドルものが、作品数において 43%、取引額において 21% を占めています。1 ドル =150 円で換算すると 15 万円から 150 万円の価格帯となり、このレンジがアート作品取引のボリュームゾーンとなっています。アート投資を始める場合、この流動性の高い価格帯の作品から投資を始めることをお勧めします。
この価格帯であれば、レンブラントやシャガールのプリント作品、または一部の著名な現代アーチストの作品を購入することが可能です。プライマリー市場で原画を手に入れることもできるため、選択肢が広がります。

より多くの投資資金を想定しているのであれば、高額作品を1点購入するより、ボリュームゾーンの価格帯の作品を複数保有するというのも有力な選択肢です。

2 タイプ別投資方法

Chapter 7

アート投資を行うにあたり、自分がどのようなスタンスで投資にのぞむのか、その投資で何を目指すのかを、明確にしておきたいと思います。以下のフローチャートを参考にしてください。

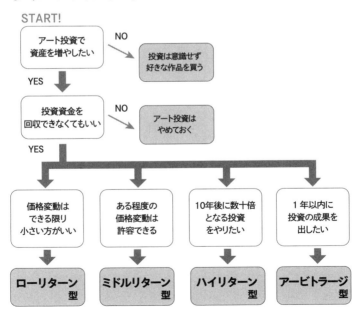

第7章 アート投資の基本から応用

まず、最初の質問「アート投資で資産を増やしたい」ですが、本書を手に取られている皆様はアート投資に興味があるという前提ですが、もしそうでない場合は、気に入ったアート作品を納得のいく価格で購入するのがよいと思います。それが本来のアートの楽しみ方です。

重要なのは次の質問「投資資金を回収できなくてもいい」です。投資は株であれFXであれ様々なリスクがあり自己責任*が原則です。アート投資の場合もそれは同じことです。例えば買った作品がセカンダリー市場で取引されていなければ、現金化することは困難です。また、何らかの理由で作品を破損してしまえば市場価値が失われるリスクがあります。そのため、アート投資には余裕資金を充てるべきです。

＊自分で考えて行動し、その結果についての責任も自分で負うこと。

以上を踏まえたうえで、タイプ別の投資方法について詳しく説明します。

ローリターン型

「価格変動はできる限り小さい方がいい」と考える場合、ローリターン型の投資戦略が適しています。このタイプの投資はリターンが小さい分、ミドルリターン型やハイリターン型と比べて価格変動のリスクは小さくなりま

す。歴史的に有名なアーチストの作品の購入が対象となります。
アート作品の価格はその時々のアーチストや作品の評価の影響を受けます。まだ評価が安定していない現代アートのアーチストの作品よりも、すでに評価が定まっている歴史的に有名なアーチストの作品を持つことで価格変動を抑えることができます。

有名アーチストの油絵など一点物の原画は、億を超えることもあり、一般的には手が届かない場合が多いです。しかし、プリント作品であれば数十万円で購入することが可能です。例えばレンブラントのプリント作品であるエッチングは2023年のオークションの記録を見ると、世界中で1,000件ほど出品されており、多くは数千ドル、つまり数十万円で取引されています。ドイツの巨匠デューラーのエッチング作品やシャガールのリトグラフ作品もこの価格帯に多くあります。

なお、プリント作品には数万円で買えるものもあります。それらは印刷数に制約のない複製プリントとして出回っているものが多く、オークションでの取り扱いが少なく、売却が難しくなります。そのため安すぎる作品は投資には適していないといえるでしょう。

ミドルリターン型

「ある程度の価格変動は許容できる」場合は、ミドルリターン型の投資が適しています。このカテゴリーでは主にセカンダリー市場で取引されている現代アートのアーチストの作品を対象とします。

現代アートのアーチストは評価が安定していないかもしれませんが、逆にいえば、将来的に評価が高まり、作品の価格が大きく上昇する可能性もあります。また、作品がすでにセカンダリー市場で取引されているということは、必要に応じて作品を売ることができるということを意味します。止めることができる、ということは投資をするうえでとても重要な要素です。

このタイプの投資対象となるのは、現在であれば村上隆やダミアン・ハーストらのプリント作品が該当します。これらのアーチストの作品は市場に出回っている数も多く流動性も比較的高いです。本来ならばここに草間彌生の作品も挙げたいところですが、彼女のプリント作品は15〜150万円の価格帯を超えてしまうことが多いです。
作品を選ぶには情報収集が必要です。すでに市場で名をはせているアーチストの作品であれば、インターネットを通じて比較的簡単に情報を入手できます。オークションでの作品購入を検討するのであれば、オークションハウスの下見会に行くことが有効です。オークションハウ

スは作品を取り扱うにあたり予想落札価格であるエスティメーションを設定しています。オークションハウスの専門家は市場動向を調査し、将来の見通しを踏まえてエスティメーションを出しています。したがって、価格に関する情報を得るにはオークションハウスのスタッフに聞くのが効率のよい手段のひとつとなります。

なお、注意すべき点が2点あります。

まず、エディションつきの作品を選ぶことです。エディションとは作品が限定された数でのみ市場に出されることを意味し、これがなければ価値の維持が困難になります。エディション100というと同種のプリント作品が100枚あることを意味します。プリント作品にエディションをつけるということは20世紀半ばから始まった慣習ですが、それがないとセカンダリー市場で流通することが難しくなります。作品入手の際はエディションの有無を確認することが重要です。

次に、適正価格での購入です。アート作品の購入においては、ギャラリーで購入する場合、価格は売り手が決めるため購入者が十分な情報を有していないと割高な価格設定となることがあります。オークションで購入する場合でも、入札競争が激化すると、価格が想定以上に高騰することがあります。

第7章　アート投資の基本から応用

市場で取引されている作品の価格は、インターネットで「〇〇（アーチスト名） 価格」もしくは「△△（英語名） price」と検索すると、たくさん出てくるのである程度わかります。また、ほとんどのオークションハウスは自社での取引の落札結果を公表しているので、各社のウェブサイトで目的の作品、もしくは類似の作品のセカンダリー市場の価格を知ることができます。このようにひと手間かければ適正価格についての目星をつけることができるのです。

エディションつきのプリント作品は、同種のものが数十枚、作品によっては 1,000 枚以上あるので、価格が割高だと判断すれば、別の機会に購入できる可能性もあるので、焦って購入を決めないことが肝要です。

ハイリターン型

「10 年後に数十倍となる投資」を目指すのであればハイリターン型の投資戦略となります。こちらは現代アートのプライマリー作品、もしくは国内のオークションで取引され始めて数年以内のアーチストの作品が対象です。このアプローチでは情報収集に手間がかかるので、アート投資の応用クラスとなります。

例えば、草間彌生の『かぼちゃ』の原画は多くの種類が

描かれていますが、オークションの落札記録を見ると、それらは2000年前後には1,000ドル前後で取引されていたものが、2010年には数万ドル、2020年には数十万ドル、つまり10年ごとに10倍以上のペースで価格が上昇していることがわかります。このような傾向はバスキアやリヒターにも見られ、彼らの作品を早い段階で入手していれば10年で数十倍、その後数百倍の価格となっています。このようなパフォーマンスがアート投資の醍醐味といってもいいでしょう。

アート業界の人と話していると「昔は草間彌生の原画が100万円以下で売られていた。あの時買っていれば今は数千万円か1億円を超える価値があったのに」と悔しがる声をよく聞きます。しかし、作品の価格が大化けするのは草間彌生やバスキアに限った話ではありません。artprice.com が公表している「THE 2023 CONTEMPORARY ART MARKET REPORT」におけるTOP 500 CONTEMPORARY ARTISTによると、2023年にオークションで作品が100万ドル（約1億4,000万円）で落札された現代アートのアーチストは100名以上おり、これらのアーチストの作品はかつては数十万円の価格で入手できたはずです。大事なことは、将来の草間彌生やバスキアが、現在のギャラリーで販売されていたり、オークションで出品されていたりするかもしれないということです。

では、どのようなアーチストの作品が数十倍の価格に大化けするのでしょうか？

キーワードは「販売力」、「わかりやすさ」、そして「アーチスト自身」です。

まずは、「販売力」です。
アーチストの主な仕事は作品を制作することです。そのうえで作品を販売して初めてプロのアーチストとして生計を立てられるわけです。ただし、アーチストは一般的に販売の専門家ではありません。どんなによい作品を制作しても、その作品を見てくれる人や売ってくれる人がいなければ、成功は難しいでしょう。その点ではギャラリーのサポートを受けているアーチストは有利です。
アート作品の販売においてギャラリーは重要な役割を果たします。彼らは個展を開いたり、アートフェアに出品したりするなどして、取り扱いアーチストの販売促進に努めます。SNSなどの情報発信の指導をしたり、企業とのコラボレーション*などを企画したりすることもあります。

* 異なる企業や団体、個人などが協力して制作すること。

しかし、ギャラリーであればどこでもよい、というわけではありません。販売力の強いギャラリーであれば、アーチストの成功確率は高まります。

販売力を図るポイントは海外展開とアートフェアです。アート市場における日本のシェアは1%に過ぎません。その1%だけを相手にしているギャラリーと世界を意識して海外展開をしているギャラリーとではおのずと販売力に差が出ます。またアートフェアに出展しているかどうかもカギとなります。アートフェアには世界中から多くのアート関係者が集まります。そこで注目を浴びることができればそのアーチストは世界への道が開けます。つまりアートフェアはアーチストの世界進出のきっかけとなり得るイベントなのです。
海外展開やアートフェアに出展しているギャラリーは自社のウェブサイトにそのことを載せているのでチェックしてみるとよいでしょう。

なお、国内のギャラリーのみで取り扱われていたアーチストが、海外のギャラリーでも取り扱いが始まる場合、その作品を購入する絶好のタイミングです。そのアーチストの作品がギャラリーで販売されていたり、オークションで出品されていたりすれば、是非とも手に入れたいところです。

次に「わかりやすさ」についてです。
このわかりやすさは見た目の直感的なわかりやすさだけではなく、アーチストの背景にあるストーリーのわかりやすさも含まれます。

例えば、日本人で世界のアート市場で人気のあるアーチスト3人、草間彌生、村上隆、奈良美智について考えてみましょう。共通しているのは、その作品を見れば誰の作品か一目でわかるわかりやすさです。草間彌生の場合は水玉模様、村上隆の場合は花のデザインやDOB君、奈良美智であれば独特な目つきの少女などが特徴的です。これらの図柄は世界中の多くの人たちに知られています。コレクターの中には自分が有名アーチストの作品を保有していることを知ってもらいたいと考える人も一定数います。また定番といわれるものを持ちたいという欲求もあるでしょう。このような人たちにとって、一目見て誰の描いたものかがわかるわかりやすい作品には強いニーズがあります。時計コレクションにおいてロレックスが常に人気があるのも同じような理由です。

アーチストの背景にあるストーリーのわかりやすさも人気を支える要因となります。多くのコレクターは作品を購入するにあたりそのアーチストについて調べます。作品のコンセプトや制作背景、もしくはアーチストの歴史などを知ることになります。そこに歴史的位置づけや、苦難や障害を乗り越えて作品を制作している、などのストーリーがあり、それがわかりやすいものであれば共感を呼びやすくなりファンが増えます。これはアート以外の世界でも同じで、モーツァルトが35歳で夭逝したことや、ベートーヴェンが耳が聞こえない状態で第九交響曲

を作曲したというストーリーも彼らの作品が好まれる理由のひとつではないでしょうか。

最後のキーワードは「アーチスト自身」です。
現代アートの作品を購入するということは、そのアーチストに投資することを意味します。したがって、アーチストの資質が投資の成否に大きな影響を与えます。この資質はアウトプット力と胆力に分けられます。

アウトプット力はアーチストが自分の表現したいものを伝える力です。内に秘めている思いを言語にして表に出した方が、先ほどのストーリーの観点からも共感を呼びやすくなります。アウトプットの方法は直接の会話でもSNSでの情報発信でも構いません。現代アートの抽象的な作品はそれを見ただけではアーチストの意図がわからないことが多くあります。それをアーチスト自身のアウトプットで補完できるのであれば強力な武器になります。

次に胆力についてですが、これがもっとも重要な資質かもしれません。アーチストとしての道を歩むことは経済的に不安定になりがちで不安がつきまといます。このような環境で持続的に創作活動を続けるには強い精神力が不可欠です。また作品を発表すれば、厳しい評価や批判的意見にさらされることもあります。しかしアーチストにはそのようなことを乗り越え自分の表現を貫く意思が

必要です。これらはアーチストにどれだけの胆力があるかに関わってきます。

アーチスト自身について知るには、現役アートのアーチストであれば、個展の初日やアートフェアで実際に会うのが一番です。このような機会がない場合でも、アーチストがSNSなどで情報発信していればある程度知ることもできます。また、ギャラリーに行けば、所属しているアーチストについての様々な情報が得られます。

「Topics　アート市場と株式市場の共通点」でプライマリー市場での作品購入とスタートアップ企業の未公開株の購入には共通点があると書きました。皆様もスタートアップ企業に投資するつもりで、アーチストを選ぶとよいでしょう。

アービトラージ型

アービトラージとは金融の世界では、金利差や価格差のゆがみを利用して利益を得る取引手法を指します。例えば、異なる市場間で同一または同種の商品に価格差がある場合、割安な市場で買い、割高な市場で売ります。これは金融市場のプロ中のプロである機関投資家[*1]がよく使う手法です。
実はこのアービトラージ、その考え方をアート市場でも

使うことができます。ただし、この手法は作品の価格のみに着目するので、投資というより投機[*2]に近いといえるかもしれません。

[*1] 顧客から集めた資金を運用・管理する法人や団体。
[*2] 投機についての説明は「Topics 投資と投機」を参照。

アービトラージ型の取引で必要なものは情報、中でも世界のオークションハウスの価格情報です。この情報は各オークションハウスに会員登録をすることで入手することができますが、artprice.com などの有料サイトであれば、世界中のオークションハウスの開催情報や過去の落札データを効率的に入手することができます。

これらの価格情報を数多く見ていると、一部のアーチストの作品については、例えばシャガールのサイン入りリトグラフは○○円、というようなおおよそのレベル感がつかめるようになります。このレベル感を持って日本のオークションを見てみると、いくつかの作品において"内外価格差"があることがわかります。この内外価格差は多くの場合、日本での価格が低く欧米での価格が高いというものです。

例えば、マリー・ローランサンの水彩画が欧米のオークションでは円換算で100万円以上で取引されているのに、日本のオークションでは同じような作品が60万円までしか入札がない、つまり60万円で買える、という場合があります。

第 7 章　アート投資の基本から応用

このような内外価格差が生まれる理由にはいろいろありますが、もっとも大きな理由は入札者数の違いです。第4章で日本のアート市場のシェアは世界の中で1％しかないと説明しましたが、サザビーズやクリスティーズなどの世界的なオークションハウスには世界中のコレクターからの入札が集まるのに対し、日本のオークションの顧客はほとんどが日本人です。こうなると入札者数に大きな差が出ます。入札者が多いと作品の価格が競り上がる確率は高くなりますが、入札者が少ないと価格は上がりません。この結果、同種の作品でも日本のオークションでは世界市場より安く入手することができる場合があります。したがって、日本のオークションで作品を安く買って、欧米のオークションで高く売るということが理屈のうえでは可能となります。

しかし、現実には売買においてオークションハウスに支払う手数料が発生しますし、海外オークションに出品するのであれば輸送コストもかかるので、よほど大きな価格差がない限りアービトラージによる売買はうまく機能しません。

Chapter 7

3 タイプ別投資方法のまとめ

以上の投資タイプをまとめると以下の通りになります。

基本
ローリターン型：歴史的に評価が確立されたアーチストの作品

ミドルリターン型：セカンダリー市場で取引されている現代アートのアーチストの作品

応用
ハイリターン型：現代アートのプライマリー作品、もしくはオークションで取引され始めて数年以内のアーチストの作品

アービトラージ型：市場価格から乖離した作品

作品を一つ購入するのであればこれらの中から自分に合う投資タイプを選ぶことになりますが、複数保有するのであれば、投資タイプを組み合わせてみるのも有効な手段だと思います。

なお、作品の売却については、プライマリー作品の場合、その後オークションで取引されるようにならないと困難です。作品を販売したギャラリーが買い戻してくれる場合もありますが、買戻価格が販売価格を上回る可能性は高くありません。

第7章　アート投資の基本から応用

アーチストの人気が高まり、作品がオークションで取引されるようになれば、作品をオークションに出品して売却することが可能となります。オークションでは、人気が高まると思わぬ高値で売却できる可能性があります。自分で選び抜いたアーチストの作品に投資し、それが市場に認められ価格が上がることを体験することは、アート投資の醍醐味であるといえます。

Point

第 7 章のポイント

- アート投資は 1 作品につき 15 万～ 150 万円が取り組みやすい。

- 自分の投資タイプを見極めて投資する。

- 自分が選んだ作品が評価され、価格が上がることがアート投資の醍醐味。

Topics

投資と投機

> このテーマは前著「FX取引の王道 外貨資産運用のセオリー」でも取り上げたのですが、アート投資の基本的な考え方にも通じるので取り上げます。

投資は善？　投機は悪？

2023年は当時の岸田政権が「資産所得倍増元年」と位置づけ、「貯蓄から投資」を合言葉にNISA（少額投資非課税制度）の拡充など国をあげて投資を推奨していました。一方で、投機については政府が推奨しているという話はなく、むしろネガティブな印象が強いと思います。

投資と投機に明確な定義の差があるわけではありません。一般的には、投資は事業などに資金を拠出し、長期的にその事業が成長することによる収益を目指すもの、投機は値動きに対して収益を求めるものと考えられています。株やFXなどの金融市場の世界では、中長期に資産を投入するのであれば投資、デイトレードのように短期間に頻繁に売買するのであれば投機、という考え方もあります。
大切なことは「投資は善で投機は悪」というわけではないということです。投資と投機はいずれも資産運用でありその手法に違いがあるだけです。

市場の役割のひとつに価格形成機能があります。株式市場であれアート

Topics

オークションであれその価格は需給で決まります。言い換えれば、売り手と買い手が市場に参加しバランスが一致したところで価格が決まります。この場合、できるだけ多くの市場参加者が集まる方が公正で民主的な価格形成が行われることになります。様々な考え方を持って市場に参加する投機家は市場の価格形成機能に貢献しているわけです。

投機には流動性の供給という役割もあります。例えばアートオークションで、作品を売りたい人（出品者）ばかりであれば、作品に値がつかず売ることができません。オークションに出品されている作品の価格が割安だと考える投機家がいればその作品を入札し取引が成立します。投機家は多様な分析や様々な思惑で取引を行います。投機家のいる市場は厚みを増すため、出品者にとっては作品を売りやすく、入札者にとっては買いやすくなります。

つまり、市場が公正かつ効率的に機能するために投機は不可欠であるといえます。

第 8 章

アートと資産形成

この章ではアート投資を通して資産形成を行う際に考慮すべき点や、アート投資に適した金額について説明します。

Chapter 8

 1 分散投資の重要性

ポートフォリオ

皆様は、「分散投資」という言葉を聞いたことがあるでしょうか。これはノーベル経済学賞を受賞した米国の経済学者ハリー・マーコウィッツ（Harry Markowitz 1927-2023）が1952年に提唱した「ポートフォリオ選択論（Portfolio Selection）」に基づいています*。これは"タマゴをひとつの籠に入れるな（Don't put all your eggs in one basket）"という言葉に象徴されるもので、分散することによってリスクを減らし、リターンを得ることができる、という理論です。

* ポートフォリオとは、本来は大きい薄型鞄を意味する英語だが、資産運用の世界では「分散投資」とほぼ同じ意味で使われている。

財産三分法

日本にも古くから「財産三分法」という考え方があります。これは財産を「預貯金、株式、不動産」の3つの資産クラスに分けて保有するというものです。預貯金は換金性に優れていますが、収益性は低くインフレによって価値が目減りしてしまう可能性があります。株式は、価

格変動が激しいものの、高収益が期待できます。不動産は長期運用に適しインフレにも有利ですが、換金性は劣ります。預貯金、株式、不動産にはそれぞれ一長一短がありますが、この３つの資産クラスをバランスよく保有することで、リスクを抑えつつ効率的な資産運用が可能となるという考え方です。

財産三分法

ポートフォリオ選択論であれ財産三分法であれ、いずれも資産形成における「分散投資」の重要性を説いています。「分散投資」は長期投資の王道といわれ、今も多くの投資家や投資アドバイザーが導入しています。

2 資産形成に向いているアート

インフレ経済の到来

日本経済は1990年代初頭にバブルが崩壊し、その後「失われた30年」と呼ばれる長期の低迷期を経験しました。この間、物価が持続的に下がるデフレの状態となっていました。しかし、2022年ごろからのエネルギー価格の上昇を受けて、物やサービスの価格が上昇するインフレの兆しが見られるようになりました。インフレはお金の価値が下がることを意味します。例えば、以前200円で10個購入できた卵が、インフレにより6個しか買えなくなることがあります。かつて「老後の必要資金は2,000万円」[*1]といわれたことがありましたが、インフレ経済のもとでは2,000万円で買えるモノやサービスは今よりずっと少なくなります。

2023年に政府は「資産運用立国実現プラン」を掲げ新NISA[*2]などの制度を通じて「貯蓄から投資へ」の動きを促進しようとしています。これらは今後のインフレ経済に備えてのことだと考えています。

[*1] 2019年に金融庁の金融審議会市場ワーキング・グループが公表した報告書に「老後20〜30年間で約1,300万円〜2,000万円が不足する」という試算が含まれていたため、「老後2,000万円問題」として注目を浴びた。

[*2] 2014年にスタートしたNISA（少額投資非課税制度）において、2024年より課税投資枠を大幅拡大するなどして新NISAとした。

アート作品の保有がインフレ防衛に

次のグラフは、第1章で説明したアンディ・ウォーホルのシルクスクリーン作品の『マリリン・モンロー』の価格推移（実線・左軸）に、米国のインフレ率（点線・右軸）＊を重ね合わせたものです。

＊ IMF（国際通貨基金）が公表している消費者物価指数の前年比を使用。

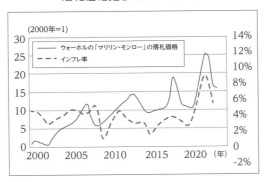

ウォーホルの「マリリン・モンロー」の落札価格推移とインフレ率

出典：IMF World Economic Outlook、世界のオークションデータをもとに筆者が作成

二本の折れ線グラフの形状はかなり似ています。つまり、インフレ率が上昇する時に前後して作品の価格が大きく上昇していることがわかります。

2000年以降でインフレ率がもっとも高かったのは2022年の8%ですが、その時この作品の価格は130%上昇しました。

第8章　アートと資産形成

このような傾向は他の多くのアート作品にもあてはまります。つまり、インフレの経済状況下において、アート作品の価格はインフレ率以上に上昇する傾向があることを示しています。

円安対策にもなるアート作品

これはアート関係者でも気づいていない人が多いのですが、アート作品を保有することが円安対策になる場合があるということです。
世界のアート市場において米国のシェアは42％と圧倒的であり、多くのアート作品がドルで取引されています。これはアートの基軸通貨＊がドルであることを意味します。一方で日本のシェアは1％であるため、アートの世界で円を基準に考えて取引している人は相対的に見て極めて少ないといえます。

＊ 広く取引され価値の基準となる通貨。

例えば、5年前にシャガールのプリント作品を海外のオークションで1万ドルで落札し、当時の為替レートは1ドル=100円であったとします。その後その作品を海外のオークションに出品し購入価格と同じ1万ドルで売却したとします。この時円安が進んでいて為替レートが1ドル=150円になっていれば、円換算した利益は50万円となります。つまり作品の取引価格そのものは1万ドル

で変わらないのですが、為替相場が円安となったことによって円換算では利益が出たことになります。

実際の取引ではオークションハウスに支払う手数料や配送料、税金などがコストとしてかかるため、このような単純な話ではありませんが、アート作品を保有することで円安によるメリットを得られる可能性があることはわかると思います。

取引の多くが日本国内でなされる日本画などについてはこのような効果は期待できないことや為替相場が不利な方向に動く可能性などは考慮に入れなければならないと思いますが、アート作品を保有することが外貨資産を持つことに近い効果がある場合があることを頭に入れておくのもよいかと思います。

Chapter 8

3 どのくらいの金額でアート投資を行うか

「100－年齢の法則」

ファイナンシャルプランナー[*1]がよく使う言葉に「100－年齢の法則」というものがあります。これは100から現在の年齢を引いた数字がリスク資産[*2]への投資比率の上限となるというものです。この考え方の背景には、年齢が若ければ投資によって損失が出ても、労働収入によって損失分を取り戻しやすい一方で、高齢となると労働収入や時間の面から回復が難しいということがあります。

[*1] 相談者の夢や目標をかなえるために総合的な資金計画を立て、経済的な側面からアドバイスする専門家。
[*2] 投資によって元本割れを起こす可能性のある資産。代表的なリスク資産は株式。

例えば55歳で資産が1,000万円ある人の場合、「100－55＝45」となり、リスク資産の上限率は資産の45％、上限額は「1,000万円×45％」で450万円となります。

アート投資に充てる金額

投資目的でアート作品を保有する場合、どれくらいの金額を振り分ければよいでしょうか？

私は「リスク資産の10%」をひとつの目安にすることができると考えています。

第2章で2000年から2024年6月にかけてアート作品の価格は全体として7.2倍となっており、同期間の日本株は1.6倍であると説明しました。つまりこの期間のアートのパフォーマンスは結果として日本株の4倍以上あったわけです。そうであれば、リスク資産内における配分を株式4：アート作品1、つまりリスク資産におけるアート作品の比率を20%にすれば合理的です。
ただし、株式市場には高い流動性があり売却と資金化が比較的容易であるのに対し、アート作品はそうはいきません。この点を考慮するとアート作品の比率は引き下げるべきで、仮に半分にするのであれば「リスク資産の10%」ということになります。

先ほど「100－年齢の法則」で、55歳で資産が1,000万円ある人の場合、リスク資産の上限額は450万円となることを説明しました。このケースだと保有上限額の目安は「450万円×10%」で45万円ということになります。なお、この数字はあくまで投資目的、つまり将来の売却を前提とするアート作品の目安です。部屋に飾るために購入した絵画のように消費目的で保有する作品は含まれません。

第8章 アートと資産形成

Point

第 8 章のポイント

■ 「分散投資」は長期投資の王道。

■ アート投資はインフレ防衛や円安対策に有効。

■ アート投資はリスク資産の 10% を上限に。

あとがき

アートを持つ喜び

私はアート業界に身を置くようになって、嬉しいことがあります。それはたくさんの人の笑顔を見ることができることです。

オークションハウスのコンサルタントという仕事柄、多種多様な人たちとアートについての話をする機会があります。その中には経験豊富なコレクターもいれば、これまでアート作品を買ったことがないという人もいます。

これまでアート作品を買ったことがない人には、まずオークションの下見会に行くことを勧めます。下見会のことを「作品に値段がついている入場無料の美術館」と説明しましたが、そこでは作品の持っている力を感じたり、知的好奇心が刺激されたりするため、ほとんどの人が笑顔でリピーターになります。

それらの人々の中には実際にオークションで入札し、目当ての作品を落札する人もいます。オークションで落札することは、デパートなどでショッピングをするのとはまた別の達成感、つまり"勝ち取った"という感覚があるせいか、落札した作品に愛着が持てます。これは数万円の作品でも数百万円の作品でも値段にかかわらず同じです。
先日のオークションで、友人数人で参加したグループがそれぞれ希

望の作品を落札した後、皆で満面の笑みでパドルを持って記念撮影をしている光景を見て、私も嬉しい気持ちになりました。
その時、「もともと投資目的で落札したんだけど、とても気に入っているのでこの作品はきっと売らない」という話を聞きました。

負けない投資

本書は投資に関するものです。投資である以上、リスクを伴い利益が出たり損失が出たりする可能性があります。数字のうえでは勝つこともあれば負けることもあります。

実は、アート投資には負けない投資方法があります。
それは気に入った作品を納得する価格で手に入れ、そしてそれを楽しむことです。

アート作品を保有する理由は人それぞれです。投資目的以外にも、自宅に飾って暮らしに彩りをそえる、アーチストを応援する、ステータスの象徴として他人に見せる、自分らしさを表現する、知的探求心の対象とする、文化的遺産を保護し伝える、など挙げればきりがありません。どの理由も、その人にとっての正解と言えるでしょう。

私は投資の世界に長く身を置いてきましたが、負けない投資とは後悔しない投資だと考えるようになりました。つまり、数字だけではなく気持ちの面も大切だということです。
株やFXに投資する場合、それらは数字が中心の世界であるた

め、やはり損が出ると後悔し、負けたと感じます。
一方で、アート投資の場合は作品を保有することで、上に挙げたようなそれぞれの目的を満たすことができます。つまり消費できるのです。

気に入った作品を自分がその価値があると判断する価格で手に入れ、それを消費するのであれば、将来的にその作品が高値で売れなくても、十分に見返り（リターン）を得ていることになります。もし高値で売れるのであれば、消費したうえで利益を得ることになるので、リターンは二重になります。つまり、どちらに転んでもリターンを得られるわけです。言い換えれば負けない投資となるのです。

気に入った作品を納得する価格で手に入れ、そしてそれを楽しむ。これが「アート投資の王道」です。

アートとともに豊かな人生を歩んでいただくために、本書を手に取ってくださったすべての方々に心より感謝申し上げます。そして、本書をきっかけにアート投資の仲間が増えることを楽しみにしています。

大西知生

解説

　著者の大西知生さんがドイツ銀行グループなどの為替チームのトップで、私が為替市場調査などを掲載している金融専門誌の出版社勤務という関係で20年以上のお付き合いをさせていただいています。その大西さんから本を出す、というお話が昨年突然携帯に飛び込んできました。

　はい、今度はどんな投資ネタですか、と聞くと、アートだと言います。大西さんとアートはそれまで自分の中では重なることがなかったので、驚きました。聞けば以前からアートには関心があり、作品も相当数コレクションしていて、今はアートのコンサルタントをやっています、ということでした。

　エディトは金融の定期刊行物が専門で、書籍は現在あまり手掛けていません。これを機会に早速「エディト出版部」で書店取次業務を行なう登録を行い、打ち合わせが始まりました。

　大西さんの略歴にもありますが、金融一筋、なかでも為替取引を米系投資銀行やドイツ銀行グループなどでチームを率い、私どもで発行しているJ-MONEY誌の為替調査では、個人としてもテクニカル分析部門で1位に選ばれたりしていました。日本は為替証拠金取引金額世界一ですが、このシステムの構築、提供の先駆者とも言える方で、数々の国際会議に日本代表として出席されています。さらにご自分の会社を設立し、暗号資産の交換業を始め、その後ＳＢＩグループの顧問もされていました。

　金融からアートで、どんな本だと聞くと、アートへの投資だとのこと、金融もアートも市場という共通点があると力説され、妙に納得しました。

　金融機関とアートはかねてから結びつきが強く、アート作品の鑑定のプロが金融機関に多く勤めています。同時に、立派なコレクションを保有している金融機関が世界には多数あります。

日本はアート作品の取引では小さな存在であると本書にも記述がありますが、一方で美術館などにおける展示会の開催は世界有数、展示会場はどこも満員という人気ぶりです。

　本書はアートを手に入れる喜びをより身近に感じてもらえる、オークションの話、ギャラリーの話、そして投資対象としてのアートを取り上げている書籍で、金融機関の出身者の著作として、ユニークな角度の一冊に仕上がっています。本書をきっかけにしてアート市場への関心が高まることを大いに期待しています。

　本書をお読みになったみなさまには、次はこんな情報があると嬉しい、というご連絡をいただけましたら、大西さんの背中をぐいぐい押します。

　　　　　　　　　　　　　　株式会社エディト　代表取締役　盛　直樹

付録

1. "投資の観点から見た" 20 世紀以降のアート年表
2. 用語集

"投資の観点から見た"
20世紀以降のアート年表

1900 ── パリ万博でアール・ヌーボーが広がる
   1905　第3回サロン・ドートンヌ開催　　　　　　　**→ フォービスムの誕生**
   1907　ピカソ『アビニヨンの娘たち』を発表　　　　**→ キュビスムの象徴**

1910 ── カンディンスキー『コンポジション』シリーズを発表
　　　　　　　　　　　　　　　　　　　　　　　　→ 抽象絵画の誕生
   1911　シャガール『私と村』を発表　　　　**→ エコール・ド・パリの象徴**
   1912　ドイツ表現主義の雑誌『青騎士』が発刊される
   1917　デュシャン『泉』を発表　　　　　　　　　　**→ 現代アートの始まり**
   1919　バウハウスがドイツのワイマールに設立　　　**→ モダンデザインの象徴**

1920
   1925　パリで現代産業装飾芸術国際博覧会が開催されアール・デコが広がる
   1929　ニューヨーク近代美術館 (MoMA) がニューヨークに開館

1930
   1931　ダリ『記憶の固執』を発表　　　　　　　　　**→ シュルレアリスムの象徴**
   1937　ピカソ『ゲルニカ』を発表
　　　　ドイツ・ナチス「退廃芸術展」を開催
1940
   1945　デュビュッフェがアール・ブリュットを提唱

   1948　ジャクソン・ポロック『ナンバー 17A』を発表
　　　　　　　　　　　　　　　　　　　　→ アクション・ペインティングの旗手
1950
   1954　具体美術協会結成
　　　　　　　→ 2010年以降再評価された日本の前衛アートの象徴
1960
   1962　ウォーホル『キャンベルのスープ缶』を発表　　**→ ポップアートの象徴**
   1966　草間彌生 ヴェネツィア・ビエンナーレに参加『ナルシスの庭』を展示

1970 ── ロバート・スミッソン『スパイラル・ジェティ』を発表　→ **ランド・アートの象徴**
　　　　第1回 アート・バーゼル開催
　1977　ポンピドゥー・センター がパリに開館

1980 ── キース・ヘリングが地下鉄構内で絵を描き始める
　1984　日本初のオークションハウス エストウェストオークションズ設立
　1987　ゴッホ『ひまわり』が2,250万ポンド（約53億円）で落札
　　　　　　　　　　　　　　　　　　　　　　→ **日本のバブル経済の象徴**
　　　　ゴッホ『医師ガシェの肖像』が8,250万ドル（約125億円）で落札
　　　　　　　　　　　　　　　　　　　　　→ **初めて100億円を超えた作品**

2000 ── テート・モダンがロンドンに開館
　　　　村上隆「スーパーフラット」を提唱
　2005　第1回 アートフェア東京 開催
　2008　村上隆『マイ・ロンサム・カーボーイ』が1,520万ドル（約16億円）で落札
　　　　　　　　　　　　　　　　　　　→ **日本人現代アートの先駆け**

2010
　2017　ダ・ヴィンチ作とされる『サルバトール・ムンディ』が4億5,031万2,500ドル（約510億円）で落札　　　　　　→ **世界最高落札価格**
　2018　バンクシー『Girl With Balloon』が100万ポンドで落札された後、装置が働き作品の一部が切り刻まれる
　2019　奈良美智『Knife Behind Back』2,495万ドル（約27億円）で落札
　　　　　　　　　　　　　　　　　　　　→ **日本人アーチスト最高額**

2020
　2021　サザビーズがメタバース上にオンラインギャラリーをオープン
　　　　ビープルのNFTアート作品が6,930万ドル（約75億円）で落札
　　　　　　　　　　　　　　　　　　　　　　→ **NFTブームの象徴**
　2022　ウォーホル『Shot Sage Blue Marilyn』が1億9,500万ドル（約255億円）で落札
　　　　草間彌生『無題（網）』が1,049万ドル（約14億円）で落札
　2023　葛飾北斎『冨嶽三十六景 神奈川沖浪裏』が225万ドル（約4億円）で落札
　　　　　　　　　　　　　　　　　　　　　　→ **版画ブームの象徴**

用語集

アート・バーゼル
スイスのバーゼルで毎年開催される世界最大級の現代アートフェア。現在は「アート・バーゼル（Art Basel）」のブランド名で、マイアミ、香港、パリでも開催されている。

アートウィーク東京
2021年から開催している国際的な現代アート中心のアートフェア。アート・バーゼルと提携している。メイン会場はなく都内50か所以上の美術館やギャラリーが参加し、無料のシャトルバスが運行している。2024年は11月7-10日に開催された。

アートフェア
ギャラリーなどがひとつの会場に集まって自分たちが取り扱っている作品を展示する、アートの見本市。

ART FAIR ASIA FUKUOKA
2015年から開催している、アジアをコンセプトとしたアートフェア。
2024年は9月20-22日に福岡国際センターで開催された。

アートフェア東京
2005年から開催している、日本最大級の国際的なアートフェア。古美術・工芸から、日本画・近代美術・現代アートまで、幅広い作品のアートが展示される。
2024年は3月8-10日に東京国際フォーラムで開催された。

アール・デコ
20世紀前半にヨーロッパやアメリカで流行した装飾の様式。線的で合理的なデザイン、幾何学図形のパターンなどが用いられた。ニューヨークのクライスラービル、目黒の東京都庭園美術館にある朝香宮邸などが有名。フランス語：art déco

アール・ヌーボー
19世紀末から20世紀初めにヨーロッパを中心に広まった様式。フランス語で「Art（芸術）+Nouveau（新しい）」で「新しい芸術」という意味。アルフォンス・ミュシャ(1860-1939)の絵画や、エミール・ガレ(1846-1904)のガラス作品などが有名。

アール・ブリュット
1940年代にフランスの画家、ジャン・デュビュッフェ(1901-1985)が提唱した概念で、既存の作風の影響を受けずに制作を行う独学の作り手などの作品を指す。
フランス語：art brut

アウトサイダー・アート
イギリスの美術評論家のロジャー・カーディナルが、『アウトサイダー・アート』(1972)で提唱した概念で、西洋式の美術教育を受けていない画家の作品を指す。ジャン・デュビュッフェ(1901-1985)が提唱したアール・ブリュットの概念の範囲を拡大した。英語：outsider art

青騎士
20世紀初頭にドイツのミュンヘンやムルナウに集まった芸術家グループ。動物や風景などを豊かな色彩で描く作品が多い。元のドイツ語der Blaue Reiterからブラウエ・ライターと呼ばれることもある。ヴァシリー・カンディンスキー(1866-1944)、フランツ・マルク(1880-1916)、ガブリエレ・ミュンター(1877-1962)らが有名。

アクアチント
金属版を腐蝕させて製版するプリント作品の技法。版面に松脂やアスファルトの粉末を撒いて加熱定着、腐蝕させ版面を作る。水彩画のような濃淡の調子を表現できることが特徴。

アクション・ペインティング
絵具などを飛び散らせるなどして作品を完成させるような様式。絵を描くという行動(アクション)それ自体が表現された作品となっている。ジャクソン・ポロック(1912-1956)、白髪一雄(1924-2008)らが有名。

アクリル絵具
アクリル系合成樹脂を利用した水溶性の絵具。乾燥後は耐水性となるため重ね塗りが容易にできる。発色に優れ退色や変色を起こしづらく、柔軟性に富むなどの特徴がある。

油絵具
顔料と油を練り合わせて作られた絵具。油による独特の艶と透明感、筆跡の盛り上げなどの特徴がある。

アプロプリエーション
他者の作品の一部または全部を自分の作品に取り込む現代アートの手法。英語: appropriation

イーゼル
絵画制作の際に、描きやすい位置に作品を固定するための器具。画架ともいう。

岩絵具
鉱石を砕いて作られた絵具。着色ガラスを使用することもある。日本画の材料として使われることが多い。

印象派
19世紀後半にパリで始まった芸術運動。クロード・モネの作品『印象・日の出』に由来する。風景や人々などを抽象化し光や色彩を主題に描き、絵具を塗り重ね筆の痕跡を残すことが特徴。クロード・モネ(1840-1926)、ピエール=オーギュスト・ルノワール(1841-1919)らが有名。

インスタレーション
20世紀後半以降に広まった表現手法のひとつ。空間にオブジェを配置し、場所や空間そのものを作品とするもの。英語: installation

ウィーン分離派
1897年にグスタフ・クリムト(1862-1918)を中心に結成された芸術家グループ。19世紀の歴史絵画や伝統芸術からの分離を目指し名づけられた。

エコール・ド・パリ
主に1910年代から1930年代にかけてパリで活動した多国籍な芸術家たちの総称。マルク・シャガール(1887-1985)、アメデオ・モディリアーニ(1884-1920)、マリー・ローランサン(1883-1956)らが有名。

エスティメーション
オークションにおける予想落札価格。100万円〜120万円というように値幅をもって示される。通常この値幅の下限から競りが開始される。

エッチング
銅などの金属版を酸で腐食処理して制作するプリント作品の技法。ニードルで引っかいて描画する。

エディション
プリント作品における限定発行部数のこと。

NFT アート
NFTは「Non-Fungible Token」の略で、ブロックチェーン技術を基盤としたデジタルアート。

遠近法
三次元の空間を、絵画などの二次元で表現する方法。狭義においては遠くのものほど小さく描く線遠近法を指す。広義には遠くのものほど色を薄くする空気遠近法なども含まれる。

エングレーヴィング
ビュランと呼ばれる鋭利な刃物で金属版を直接彫り、凹部にインクをつけてプレス機で印刷する技法。

黄金比
自然やアート作品においてもっとも美しく見えるとされる比率のことで、近似値は1：1.618。レオナルド・ダ・ヴィンチ(1452-1519)の『モナ・リザ』の顔や葛飾北斎(1760-1849)の冨嶽三十六景『神奈川沖浪裏』にこの比率が使われている。

凹版
版板の凹部にインクをつけて描画する版画形式。
エッチングやアクアチントなどの技法がある。↔ 凸版

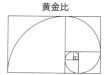

黄金比

オークショニア
オークションにおける司会進行役。

オブジェ
アートの世界では広く立体作品もしくは単に物を指す。

オフセット
凹凸のない平板に一度つけたインクを転写(オフ)、さらにそのインクを紙に印刷(セット)するプリント作品の技法。

オマージュ
アートの世界においては、尊敬する画家や作品から影響を受け、似た創作物を作ること、もしくはその作品。フランス語:hommage

回顧展
特定の作家の生涯において制作された作品の全容を概観する展覧会。

学芸員
博物館法で博物館・美術館などに配置するように定められた専門職員。

貸画廊
レンタルスペースとして運営されるギャラリーの総称。画廊主が自らの判断で画家・作品を選び展示・販売するギャラリーは企画画廊と呼ぶ。

カタログ・レゾネ
特定の画家または美術館の総作品目録。フランス語:Catalogue raisonné

カタログ
オークションに出品される作品目録。

画廊
美術品を陳列・展示する場所。また、画商の店を指す。本書ではギャラリーと同義とする。

鑑定
作品の真贋を判定すること。

顔料
絵具の色のもととなる物質。

キアロスクーロ
明暗の対比を指す言葉。イタリア語:Chiaroscuro

ギャラリスト
ギャラリーの経営者。

キュビスム
20世紀初頭の絵画運動。複数の視点から見たイメージを1枚の絵に描こうとすることが特徴。パブロ・ピカソ(1881-1973)、ジョルジュ・ブラック(1882-1963)らが有名。

キュレーター
博物館・美術館などの展覧会の企画・構成・運営などを行う専門職。

具体美術協会
1954年に兵庫県で結成された前衛アーチストの団体。「人の真似をするな。今までにないものをつくれ」という吉原治良(1905-1972)のリーダーシップのもと活動。2013年にニューヨークのグッゲンハイム美術館で回顧展が開催されるなど海外では「GUTAI」と呼ばれ、21世紀に入って再評価されている。白髪一雄(1924-2008)、嶋本昭三(1928-2013)らが有名。

形而上絵画
20世紀初頭にジョルジョ・デ・キリコ(1888-1978)が興した芸術運動。形はないが存在しているものを意味する「形而上」からきている。遠近法の焦点がずれていたり、マネキンなどの特異な静物が置かれていたりするなど不思議な感じを受ける作品が多い。

原画
画家が描いた(複製画ではない)オリジナル作品。

孔版
版材もしくは布などに孔(穴)を作り出し、インクに圧をかけて転写する版画形式。シルクスクリーンが代表的な孔版技法である。

ゴシック
もとは12世紀から15世紀の間に広まった建築様式を指す。尖塔やステンドグラス、細かい装飾が施された彫刻などが特徴。ミラノの大聖堂(ドゥオーモ)、パリのノートルダム大聖堂などが有名。

コラージュ
紙、物、布など異なる素材を組み合わせること、もしくはその作品。フランス語：collage

コレクター
アート作品などの収集家。

コンセプチュアル・アート
20世紀後半に始まった芸術運動。概念芸術とも呼ばれる。芸術作品の形式や美的価値よりも、アイデアや思想を重視することに特徴がある。ジョセフ・コスース(1945-)らが有名。

査定
オークションハウスが予想落札価格(エスティメーション)を提示すること、もしくはギャラリーが買取価格を提示すること。

三美神
ギリシア神話とローマ神話に登場する3人の女神。ギリシア神話では魅力(charm)、美貌(beauty)、創造力(creativity)、ローマ神話では愛(amor)、慎み(castitas)、美(pulchritude)を司っている。

ジグレー
原画をデジタルデータにしたうえで、インクジェットプリンターで印刷した作品。

下見会
アートオークション開催前に実施される出品作品の展示会。入札者が作品のコンディションなどをチェックする目的で開催されるが通常は誰でも入場可能。筆者は「作品に値段がついている入場無料の美術館」と位置づけている。

写実主義
客観的現実を尊重し、あるがままに描こうとする表現活動。

ジャポニズム
19世紀後半にヨーロッパで流行した日本趣味。日本の美術や工芸がヨーロッパの芸術に影響を与えた。

ジャンク・アート
廃棄物などを集めて制作したアート作品。英語：junk art

シュルレアリスム
20世紀前半にフランスで起こった芸術運動。オーストリアの心理学者ジークムント・フロイト(1856-1939)の精神分析に大きな影響を受けている。サルバドール・ダリ(1904-1989)、ルネ・マグリット(1898-1967)らが有名。

シルクスクリーン
細かい網目状の布を使用してインクを押し出し、デザインを紙や布、プラスチックなどの様々な素材に転写するプリント作品の技法。かつては布に絹(シルク)を利用していたためこの名がついた。アート作品の場合は作品の下部に鉛筆でエディション番号(限定番号)、画家のサインを記入することが多い。スクリーンプリント、セリグラフと呼ぶこともある。

新古典主義
18世紀中ごろから19世紀初頭にかけてヨーロッパで広がった芸術運動。装飾的・官能的なバロック、ロココ主義に対する反発を背景に、荘重な古代ギリシアの芸術を模範とした。ジャック=ルイ・ダヴィッド(1748-1825)、ドミニク・アングル(1780-1867)らが有名。

水彩絵具
顔料とゴムなどを練り合わせて作られた水溶性の絵具。

スーパーフラット
村上隆(1962-)によって展開される現代アートの芸術運動および概念。伝統的な日本画とアニメーションのセル画に共通して見られる特徴を表している。村上は自著『芸術起業論』で、スーパーフラットという言葉に込めた概念を「不可解な日本の芸術の輸出の糸口を探すこと」だとしている。

テート・モダン
2000年に開館したロンドンにある近現代美術館。英語：Tate Modern

ドイツ表現主義
20世紀前半にドイツで起こった芸術運動。客観的表現よりも内面の主観的な表現に主眼を置くことを特徴とした。エルンスト・ルートヴィヒ・キルヒナー(1880-1938)らの「ブリュッケ」、ヴァシリー・カンディンスキー(1866-1944)、フランツ・マルク(1880-1916)らの「青騎士」などのグループの総称でもある。

Tokyo Gendai
2023年から開催している国際的な現代アート中心のアートフェア。
2024年は7月4-7日に横浜国際平和会議場(パシフィコ横浜)で開催された。

凸版
版板の凸部にインクをつけて描画する版画形式。木版画などに使われることが多い。
↔ 凹版

ドライポイント
金属版に直に印刻し描画する凹版形式の技法。ニードルなどを使用する。線の両側にまくれなどができ、独特のにじみややわらかさを表現できる。

ドローイング
線画や素描を指す。特に単色の鉛筆やペン、木炭などで線を引く行為に重きを置いて描かれた絵を指す場合もある。

成り行き
あらかじめエスティメーションを決めずに出品すること。

日本画
日本で描かれてきた大和絵などの伝統的な様式を取り入れた絵画。

日本芸術院
芸術各分野の優れた芸術家を優遇顕彰するために設けられた国の栄誉機関。文化庁に属する。

ニューヨーク近代美術館
1929年に開館したニューヨークにある近現代美術館。英名の頭文字をとって「MoMA(モマ)」と呼ばれている。英語:The Museum of Modern Art

バイヤーズプレミアム
ハンマープライスに加えて、落札者が支払う手数料のこと。

バウハウス
1919年に建築家ワルター・グロピウスによってドイツのワイマールに設立された芸術学校。1933年にナチスにより閉校した。バウハウスのデザインは、合理的でシンプル、かつ機能的なものが多く、その美学は今も建築家、デザイナー、芸術家に影響を与えている。
ドイツ語:Bauhaus

バルビゾン派
19世紀半ばにフランスのバルビゾン村やその周辺で活動した画家たちの総称。風景画や農民の姿を多く描いた。カミーユ・コロー(1796-1875)、ジャン＝フランソワ・ミレー(1814-1875)らが有名。

バロック絵画
16世紀後半から18世紀半ばに描かれた劇的な強い明暗などに特徴づけられる絵画。レンブラント・ファン・レイン(1606-1669)、ヨハネス・フェルメール(1632-1675)、ディエゴ・ベラスケス(1599-1660)らが有名。

版画
アートの世界では印刷された作品全般を意味する。プリント作品。

ハンマープライス
オークションにおける手数料を含まない落札価格。落札価格決定の時にオークショニアがハンマーを打つことからこの呼び名がついている。

パンリアル美術協会
1949年に京都で結成された前衛アーチストの団体。パンリアルの「パン」は「すべて」を意味する「汎(pan)」であり、「リアル」は「リアリズム(realism)」からとられており、中心メンバーの三上誠(1919-1972)が名づけた。当時の日本画壇に対し批判的な立場をとり続け、段ボールや木片、紙粘土などの端材を使ったコラージュ作品などを制作した。

ビエンナーレ
2年に1回開催されるアート展覧会。1895年から開催されているヴェネツィア・ビエンナーレが有名。3年に1回の開催はトリエンナーレと呼ばれる。

ピクセル
デジタル画像を構成する最小の要素。日本語で画素。

ビザンティン美術
4世紀から15世紀にかけて東ローマ帝国（ビザンティン帝国）で制作された美術・建築。モザイク画やフレスコ画が多く生み出された。建築ではイスタンブールの聖ソフィア大聖堂、ヴェネツィアのサン・マルコ大聖堂が有名。

フォービスム
20世紀初頭の絵画運動。心が感じる色彩を表現した原色を多用した明るい色彩が特徴。1905年にパリで開催された展覧会サロン・ドートンヌで展示されたアンリ・マティス(1869-1954)、ジョルジュ・ルオー(1871-1958)らの作品を見た美術評論家が「野獣（フォーヴ）のようだ」と評したことからこの名がついた。

プライマリー市場
アーチストが制作した作品を最初に取り扱う場のこと。つまり新作販売の場。ギャラリー、百貨店、アートフェアがその場となることも多いが、アーチストから作品を直接購入する場合も該当する。一次市場ともいう。

不落札
オークションにおいて入札者がおらず、売買が成立しないこと。

フリーズ・アートフェア
アート雑誌「Frieze(フリーズ)」が始めたアートフェア。現在は、ロンドン、ニューヨーク、ロサンゼルス、ソウルで開催されてる。

文化芸術基本法
文化芸術に関する施策を総合的かつ計画的に推進することを目的に2001年に制定された法律。制定時の名称は文化芸術振興基本法であったが2017年の改定時に現名称となった。

ポスト印象派
印象派の後に、フランスを中心として1880年ごろから活躍した画家たちを指す呼称。ポール・セザンヌ(1839-1906)、ポール・ゴーギャン(1848-1903)、フィンセント・ファン・ゴッホ(1853-1890)らが有名。

ポップアート
20世紀半ばにアメリカを中心に起こった芸術運動。大量生産・大量消費の社会をテーマとして表現し、雑誌や広告、漫画、報道写真などを素材として扱う。アンディ・ウォーホル(1928-1987)、ロイ・リキテンスタイン(1923-1997)らが有名。

ポンピドゥー・センター
1977年に開館したパリにある総合文化施設。近現代アートの作品コレクションではニューヨーク近代美術館(MoMA)に次いで世界第二の規模。正式名称はCentre national d'art et de culture Georges Pompidou。

ミニマリズム
20世紀半ばに始まり、装飾的趣向を排除し、それらを必要最小限まで省略する芸術運動。ミニマリズムにより作成された作品をミニマルアートと呼ぶ。フランク・ステラ(1936-2024)らが有名。

メガギャラリー
世界の複数の都市に拠点を持ち、アート業界に大きな影響力を持つギャラリー。ガゴシアン、ペース、ハウザー&ワース、デイヴィッド・ツヴィルナーを指すことが多い。

もの派
20世紀半ばに起こった日本の芸術運動。もの派の「もの」とは木、石、岩といった自然の素材、もしくは紙、鉄鋼といった未加工の素材のことで、それらを用いた作品を作った。関根伸夫(1942-2019)、李禹煥(リ・ウファン 1936-)らが有名。

洋画
明治時代以降、西洋の画材や技術を取り入れ、日本で描かれた油絵や水彩画などの作品。

来歴
アート作品における所有者や保管の歴史。来歴は、作品の真正性や価値を証明するにあたり重要な要素となる。英語：provenance

ラファエル前派
19世紀中ごろイギリスで活動した芸術家たちの総称。ロンドンのロイヤル・アカデミー美術学校が規範とするルネサンスの巨匠ラファエロ・サンティ(1483-1520)ではなく、それより前の初期ルネサンスへの立ち返りを主張した。ダンテ・ゲイブリエル・ロセッティ(1828-1882)、ジョン・エヴァレット・ミレイ(1829-1896)らが有名。

ランド・アート
野外の一部を造形し作品とするアート。アース・アートとも呼ばれる。ロバート・スミッソン(1938-1973)らが有名。英語：land art

リザーブプライス
オークションにおいて出品者が設定する最低売却価格。この価格に達しなければその作品は不落札となる。

リトグラフ
平らな石板にインクで絵を描き、化学反応を利用して印刷するプリント作品の技法。石版画と呼ぶこともある。

ルネサンス
14世紀イタリアに端を発し全ヨーロッパに広まった、美術、建築、文学における古典様式の復興運動　。絵画において人物は写実的で情感豊かになり、遠近法により空間の表現が豊かになった。レオナルド・ダ・ヴィンチ(1452-1519)、ミケランジェロ・ブオナローティ(1475-1564)、ラファエロ・サンティ(1483-1520)がルネサンス芸術の三大巨匠として知られている。フランス語：Renaissance

ロココ様式
18世紀にフランスの宮廷を中心に展開された美術様式。ポンパドゥール夫人を中心とするサロン文化の最盛期に流行した。繊細で優美な表現を特徴とする。フランソワ・ブーシェ(1703-1770)、ジャン・オノレ・フラゴナール(1732-1806)らが有名。

ロマン主義
19世紀前半にヨーロッパで始まった文学、美術、音楽などにまたがる芸術運動。絵画では古典的な構図や色彩にとらわれず、感情や情熱を表現するという特徴がある。フランシスコ・デ・ゴヤ(1746-1828)、ウジェーヌ・ドラクロワ(1798-1863)らが有名。

参考文献

"The Wealth Report" Knight Frank　　　　　　　　　　　　　　2020
"The Art Market in 2023" Artprice.com & ARAA　　　　　　　2024
"The 2024 Contemporary Art Market Report" Artprice.com & ARAA　2024
"Art Market Report 2024" Art Basel / UBS　　　　　　　　　　2024

「アート市場活性化ワーキンググループ報告書」 文化庁　　　　　2021
「文化経済部会アート振興ワーキンググループ報告書」 文化庁　　2022
「新時代のインバウンド拡大アクションプラン」 観光庁　　　　　2023
「文化芸術推進基本計画」 文化庁　　　　　　　　　　　　　　　2023
「The Japanese Art Market 2024」 文化庁　　　　　　　　　　　2024

「FX取引の王道」 大西知生 著　日経BPマーケティング（日本経済新聞出版）　2017
「世界版画全史」 黒崎彰 著　阿部出版　　　　　　　　　　　　2018
「アート鑑賞BOOK」 三井一弘 著　知的生きかた文庫　　　　　2017
「水玉の履歴書」 草間彌生 著　集英社新書　　　　　　　　　　2013
「無限の網 – 草間彌生自伝 – 」 草間彌生 著　新潮文庫　　　　2012
「芸術起業論」 村上隆 著　幻冬舎文庫　　　　　　　　　　　　2018
「美術経済白書」 瀬木慎一 著　美術年鑑社　　　　　　　　　　1991
「美術市場 2024」 美術新星社　　　　　　　　　　　　　　　　2024
「日本のアート産業に関する市場レポート2021 」 エートーキョー / 芸術と創造　2022

著者プロフィール

大西知生　経済学博士

慶應義塾大学経済学部卒業後、東京銀行（現・三菱UFJ銀行）、JPモルガン、モルガンスタンレーに勤務。ドイツ銀行グループ在籍時は2005年から2013年まで9年連続で外国為替取引マーケットシェア世界1位（英Euromoney誌）を獲得。その後暗号資産取引会社FXcoinを設立。

これまで、東京外国為替市場委員会副議長、一般社団法人日本暗号資産取引業協会理事、一般社団法人日本メタバース協会代表理事、SBIグループ顧問を務める。

現在、大手アートオークション会社のエグゼクティブ・コンサルタント。

堂島取引所有識者委員。

大阪公立大学非常勤講師　日本金融学会所属。

ロンドン大学SOAS Art Creativity Summer Schoolにてdiploma取得。

著書に「FX取引の王道 外貨資産運用のセオリー」 日経BPマーケティング（日本経済新聞出版）。

アート投資の王道　作品売買の基本から応用まで

2025 年 3 月 31 日　初版第1刷発行

著者	大西知生
発行者	盛直樹
発行所	株式会社エディト出版部
	東京都渋谷区渋谷1丁目12-2クロスオフィス渋谷3階
	電話 03-5962-7870
発売	株式会社メディアパル（共同出版者・流通責任者）
	東京都新宿区東五軒町6-24
	電話 03-5261-1171
印刷所	シナノ印刷株式会社
	東京都豊島区池袋4-32-8
	電話 03-5911-3355

本書の無断複写・複製（コピー）は、著作権法上の例外を除き、禁じられています。購入者以外の第三者による電子データ化および電子書籍化は、私的使用を含め一切認められていません。本書籍に関するお問い合わせ、ご連絡は株式会社エディト出版部にて承ります。

© Tomoo Onishi 2025
Printed in Japan